U0015531

太平輪一九四九

【三版】

航向台灣的故事

張典婉◎著

獻給
一個時代

〔推薦序〕

記取歷史，感懷情誼，珍惜所有

典婉的母親是家母上海中西女中的同班同學，國共內戰之後，她們先後來台。印象所及，張伯母與家母，幾乎每年都會在台北以「老上海」的方式重溫中西的情誼。我和典婉都算是近世紀遷台後新移民的第二代，因此彼此的家庭故事，有著相同的歷史背景。近年來，典婉悉心著手整理太平輪（號稱「東方鐵達尼號」）事件的記錄，這是一個大時代的悲劇，有著許多家庭痛苦的記憶。這個記憶因為時代的紛亂，讓人無力抗辯，但她讓消失六十年的海難史實真實呈現。

因近代清室不振，歷經鴉片戰爭、英法聯軍直至甲午戰爭，即使後來的洋務運動，仍然無法挽救頹敗的古老國家，於是，春帆樓的一紙條約，開啟台灣孤懸海外的命運。

爾後九一八事變、七七事變的一連串戰爭，將國家推向更危亂的境地。雖然戰爭終告結束，但內戰延續了國家因戰亂而流亡的殘酷命運。西元一九四九年前後，約有二百萬人因著內戰遷徙到台灣，這是人類史上少見的大規模遷徙活動之一。而太平輪事件這首時代悲歌，泣訴著渡不過黑水溝的苦痛與血淚。余光中先生在他的〈鄉愁〉一詩中寫道：

小時候
鄉愁是一枚小小的郵票
我在這頭
母親在那頭

長大後
鄉愁是一張窄窄的船票
我在這頭
新娘在那頭

後來啊
鄉愁是一方矮矮的墳墓
我在外頭
母親在裡頭

而現在
鄉愁是一灣淺淺的海峽

我在這頭
大陸在那頭

越過海洋到台灣的辛酸血淚，其實早已超越世紀。我們現在記住這段因戰火而造成的兩岸大遷徙，就是期望國要盛、家要強，進而記取歷史的教訓，忘記仇恨，向前邁進。遵守歷史的真相是人類反省的高貴情操。在此，我要向典婉表達由衷的敬意。她不僅讓我們看到歷史真實的面貌，也得以反省，我們從那個苦難年代究竟可以得多少經驗教訓。為其新作《太平輪一九四九》寫序，寥寥數語，不只是基於對那個年代的感懷，也是感念張伯母與家母那份在大時代紛亂中掙得的中西情誼。

我們的幸福，只因為比那些帶著心痛記憶的人更多一點福氣。

前裕隆集團董事長
嚴凱泰

〔推薦序〕

了解彼此的傷痛，更多的包容與關愛

從二二八事件一甲子，隔了兩年，到一九四九一甲子，在我製作新聞專題，必須回溯歷史洪流的過程中，兩岸之間的時代悲劇，因著不同的情懷在內心深處交疊激盪著……感嘆權力者的一念之間，讓蒼生百姓蒙受苦難；也感嘆權鬥者發動戰爭，讓無辜人民顛沛流離。這些，都是痛苦至極的生離死別，且是一生難以抹滅的傷痛……

生逢不幸的血腥時代裡，人民真切的故事就可歌可泣了；尤其，透過典婉的紀錄片與書，讓我了解到六十年前那一艘永遠到不了基隆港的東方鐵達尼號的故事，近千人在波濤狂浪中卑微的求生到最後窒息罹難……唉！你不能只知道大西洋上的電影鐵達尼，卻不知道咱們這塊土地上太平輪的海上悲歌，這是我們自己的故事！

跟典婉的心情一樣，我總希望透過更多人民真切故事的報導，讓更多人能夠了解彼此的痛處與傷痕在哪裡，讓這塊美麗寶島上不再有分化與對立，而是有更多的包容與關愛，可惜，總會遇上一些莫名的政治操作。但，沒關係，至少這些點滴的努力總是可以積沙成塔吧！尤其，在探索六十年前的那一段被刻意塵封的故事中，我深深的感觸是：再不寫、再不報導，就來不及了。因為寶貴的生命一直在流失，當我們依著歷史軌跡去尋找關鍵人物時，往往得到的回應是，這個人早已化為塵土、羽化成仙了；所以，在還來得及的時候，後代子孫且該善盡傳承的責任，因為這才是讓後人更明白，自己之所以成為這塊土地的人，有其獨特的脈絡與軌跡。

就像我常在電視節目〈福爾摩沙事件簿〉結尾時所說的，歷史不能遺忘，經驗必須記取！透過這些人民的故事，請從更多他者的角度去看問題，我們當有更多的了解與寬容；而每一個他者，都是令人刻骨銘心的故事……

華視主頻《1900華視晚間新聞》當家主播　陳雅琳

二〇〇九年九月十五日於內湖

目錄

花開散葉 太平輪人物故事二 137

記憶拼圖

漫長記事

出版之後

〔作者序〕

太平心願，和解共生

——以過去解放未來，以未來解放過去

如果近千人在台灣的附近海域罹難，在今日會是什麼樣的光景？全台子民是否會如面對九二一大地震或八八水患那樣地撼動心弦、感同身受？又或者能如憐憫南亞海嘯或是四川大地震的災民那般，即使面對陌生人，大家都能激盪起人溺己溺、熱誠傳送賑災的情懷呢？

我們真能體會，那些淪為屍骨無存、新一代唐山過台灣的後代們的心境嗎？我們是否願意去體會，那一艘永遠抵達不了目的地的輪船上，其實有著比電影鐵達尼號更真實、更感動人的事情發生著，不分階級、省籍、年齡、性別，他們同舟共濟，互相扶持直至滅頂。

如果只是因為他們與其二、三代，被冠上外省人的標籤，只是因著與流亡政權來自同一塊土地，而被判了隔離的無期徒刑，使得逝者得不到悼念、倖存者得不到祝福的話，我們又有什麼能力去彌平分裂、和解共生呢？

逝者受苦的魂魄需要祈禱安息，倖存者及後代的暗夜哭泣需要被聆聽，二〇〇五年「尋找

太平輪」紀錄片發表，既是獻給一群無緣圓滿、把台灣當作新故鄉的新住民們，遲來的追思，也是獻給華人世界中，能與其倖存族群者，移情同感、同體大悲的一份追思。

今年是太平輪沉沒六十週年。

是一個被遺忘的記憶？

還是一些不堪回首的往事？

喜歡旅行的我，每每由國外凝視台灣，總覺得這是一座孤獨的島嶼，外部與內部雙重的孤獨，不僅在於她的獨特歷史與困境，在喧囂的國際社會舞台中難被認識，也在於這些年來政治、社會仍陷於二元對立的政治意識形態與歷史恩怨之中，彼此互不信任。

新住民中，有人仍無法分辨現實中政治理想與文化認同的必要性，正如我們之間也有人無法分辨本土化與欣賞外國月亮的輕重一樣。族群的認同，等待著我們耐心去移情共感、去感受他們備受戰火煎熬的歷史，因為唯有如此，他們才可能走出再度被迫害的不安陰影，不用再恐懼新的召喚，將會是另一個集體暴力與謊言的複製。

不諱言，在本省族群的某些人眼中，上一代的外省人，多少被稱為集權體制的共犯。在二二八初期的動亂中，也有無辜的外省人被誤傷與誤殺。當流亡政權對上被害妄想症發作時，歇斯底里地拿上本省、外省做為檢驗主軸，以忠誠與否演變為藍綠意識的對抗。

這些本省與外省族群各自的歷史傷口，其實可以早早開始相互感受、移情治療而結疤。可是，在許多選舉場合，還是會發現情緒化標語遊移。因為選舉的權力遊戲及電視名嘴炒作議題，讓政客在零合的現實壓力下，慣以短線操作，以鞏固基本票源，成為無奈的政治現象。

二○○○年秋日，因母親逝世，起意想寫太平輪與家族故事；二○○四年底，參與「尋找太平輪」紀錄片採訪，二○○五年，紀錄片在兩岸三地發表後的迴響到書寫過程結集，是一串漫長的尋找與等待。

多年來在漫長的採訪過程中，最殘忍的是，每一次採訪，如同在受訪者傷口撒鹽，讓人萬分不忍與不捨。有些人提供了線索，再連絡，卻像斷線的風箏。有些人勃然大怒，用力甩上大門，或在電話那頭，冷冷地掛上話筒，兩不相應。

有人問：妳是那個黨派來臥底的？妳動機是什麼？寫這些故事有什麼目的？無數次拒絕與誤解，在採訪中，意外成就了修行道場，我想上天悲憫，那麼多人的未竟心願，更令我惶恐莫名。

對一個書寫者而言，受訪者的記憶，超越了一切省籍、族群……每個人的生命及家族故事，因著太平輪，見證了歷史。較為遺憾的是，在中國應該仍有太平輪的篇章，卻因為個人能力有限，無法圓滿完成，成為書中散落的一角，期待本書出版後，將有更多身影湧現。

只是這本書遲到了六十年。

從尋找太平輪的源起到事後追蹤、訪談，我曾經祈盼：這樣的題材，可以彌平兩造的猜忌與不安，因為藝術和宗教一樣，自古就擔負起淨化靈魂的任務，相信台灣的族群故事及生命記錄，也可以像古希臘悲劇那樣，值得被書寫為震撼動人的敘事詩歌。

這些生離死別，早已超越世間私情、穿越生死瞬間，不論是以小說、口述歷史或電影、戲劇的形式，是創作與閱聽角色共同參與傳頌，因為文化是最好的滌情場域，在「以過去解放未來，以未來解放過去」的視野中，跳脫昔日黨國威權的論述，瓦解族群話題的尖銳，唯有開放面對歷史，未來才可能走出制式循環！

《太平輪一九四九》出版了，書中還原了太平輪的時代背景，生還者自述、受難家屬的家族故事，以及曾經乘坐太平輪的記實追憶，書寫這麼多悲歡離合的篇章，腦海中總會浮現薩伊德說過「流亡是最悲慘的命運之一」。期待這本書，能夠填補歷史來不及陳述的空白，一起邁向太平願景，朝向和解共生為底蘊邁進，替換惡性對抗與猜忌，也是回首太平輪六十週年的期盼吧！

最後僅以此書版稅，贈與太平輪之友成員，作為第一筆重建太平輪紀念碑的基金。吳漪曼教授、嚴媽媽（王淑良女士）、張和平女士……等受難者家屬曾提及重建紀念碑的心願，一直苦無經費，個人期待積沙成塔，早日達成受難者家屬心願。

感謝所有受訪者、提供資料的家屬，與長期打氣、支援的朋友及親人。

感謝商周出版編輯小組的愛心與耐心，以及所有推薦者的鼓勵，讓塵封歷史再現。深深一鞠躬。

張典婉

大時代的流轉

——太平輪事件始末

太平輪是什麼樣的船？

太平輪原是二次大戰中，作為運輸功能的貨輪，載重量兩千零五十噸。自一九四八年七月十四日，中聯企業股份有限公司，以每個月七千美元租金，向太平船塢公司租來，開始航行於上海、基隆間[1]。當時二次大戰結束，台灣重回中華民國政府領土，大陸各商埠往來基隆、高雄間，客船、貨船熱絡往返，據早年基隆港務資料記載，一天即有近五十艘定期航班，從上海、舟山群島、溫州、廣東、福建、廈門……等地，往返基隆港。

中聯公司當年已有二艘定期船隻往返上海、基隆。一是華聯輪，為一九〇七年由澳洲製造的商船；另一艘安聯輪為加拿大製造的商船。太平輪從一九四八年七月十五日開始啟航，投入上海與基隆間，到一九四九年一月二十七日最後一班，共計行駛了三十五個航班。

太平輪從一九四八年七月十五日開航，每週固定往返基隆與上海之間。

太平輪分為頭等艙、二等艙、三等艙等，初期投入營運是作為交通船，船上旅客大半是來往兩岸的商賈、眷屬、遊客，轉進台灣的公務人員等。但是在同年秋日過後，因為國共內戰情勢緊張，當時固定行駛上海、基隆間的中興輪、太平輪、華聯輪，因為航班往返多，船隻噸數大，往往是大家的首選，隨著時局動盪，此時就成了逃難船。

一九四八年秋天起，大量從大陸各省湧入上海的平民百姓，替代了早先到台灣的商旅來客，舉家南移的逃亡潮浮現。據中聯企業公司第一班啟航到最後一班船的記錄得知，從一九四八年九月二十八日到十月二十六日之間是停駛的，「奉港口司令部出軍差，由基隆運國軍至青島，再由青島駛向煙台運國軍至青島，駛向葫蘆島裝國軍及軍需到天津，由天津裝傷兵運滬」[2]。

由這樣的記載推論，當遼瀋戰役激戰時，太平輪肩負了運送傷兵與補給軍備的重任；回到正式航線時，兩岸局勢丕變：十一月二日大勢已去，四十七萬國民黨大軍被殲滅，東北重鎮相繼失守，不到二個月的戰火狂燒，國民黨軍隊潰不成軍。

從東北一路南下的共軍，由林彪領軍下，氣勢如虹；逃亡潮湧現，從各港口開出的定期客輪，開始擠入軍公教人員及其眷屬、南遷的平民百姓。抗戰八年的苦難尚未遠離，國共內戰的糾纏如影隨形，像片烏雲漫過天際；嗅覺敏捷的商賈，前仆後繼，傳遞著台灣似寶島的訊息，平日往來的交通船就更熱絡了。

當時往返上海與台灣的，還有中興輪船公司的十幾艘海洋船，如中興輪、景興輪、昌興輪……等十數條大船，以及海鷹輪船公司行駛上海、基隆、高雄的海鷹號、海牛號、海羊號、海馬號、海球號；平安輪船公司、復興航業、中國航運等船公司，都曾在國共內戰時，被撥調為軍用船或是運輸船；在當年擁有最大噸數的京勝、互勝等船，都是在上海與台灣間活躍的商旅船班。這些船公司的規模，當年都遠超過中聯企業公司[3]。

一九四八年十一月，戰勝的共軍挾著勝利的果實，往各地進攻，大陸各省的共軍士氣大振，捷報頻傳。大陸各省多已騷動，軍公教人員在光復後逐次到了台灣，家眷隨即南遷；在遼瀋戰役之後，大量的移民潮，往南方港口聚集，開始了一波波顛沛流離的歲月。中研院近代史研究所出版多本口述史中，即詳細記載了當時各地公教人員家眷，或是隨著親朋好友到台灣的逃難史實，及慘痛的流亡記憶：有人坐著火車，從北方一路南逃，下面滿滿是人，擠火車時連車頂也都是人，得抓著欄杆爬上去，爬不上去的時候，是先生把太太抱起來往上丟。

有人在兵荒馬亂之際，搭著小艇分批到外海上船，上船後大家坐在甲板上，人很多，想躺下來都沒辦法，全部擠坐在一起；如果想要上廁所，還得從別人的腳與腳縫間，小心地插足過去。

有人坐在船上，沒有棲身處，就在過道邊一角窩著。風浪大，船搖晃得厲害，每個人都吐得七葷八素；有些船艙還會進水，一些人就得了風寒。也有人在船上生產，小孩一出生就死了，只好用軍毯一包便往海裡扔[4]。

六十年前最關鍵的一戰——一九四八年十一月六日到次年一月十日，歷時六十六天，驚天動地的徐蚌會戰（中共稱淮海戰役），打得無日無夜，國共雙方有將近一百四十萬人的正規部隊投入戰鬥，加上動員的民兵，參與戰爭的人數高達六百萬人以上，堪稱中國歷史上最慘痛的內戰。

國共雙方屍體疊了一層又一層，血染成紅的河水潺潺流過。國民黨部隊杜聿明、邱清泉領軍卅萬，被共軍包圍在河南、安徽交界處廿天；卅萬大軍困守在冰天雪地的冬日，天候不佳、空投不利、彈盡援絕，連最後的八百匹戰馬，全部殺來充飢。

沙戮戰場上，雙方戰況激烈，國民黨軍的整個營隊，戰到只剩個位數，甚至全數陣亡；連馬夫、伙夫、汽車兵、白淨清秀的年輕學生一一拉上戰場，也全數陣亡。共軍六十萬人擊敗了國民黨八十萬大軍，邱清泉將軍於一月十日舉槍自盡[5]，共產黨取得在大陸的政權，蔣介石政權頓時失去了大半江山，國民黨敗走台灣[6]。陳誠一月五日就任台灣省主席；傅斯年一月十五日從南京到台灣，就任台大校長。

一票難求，黃金換船票

隨著國共內戰火熱開打，國民黨兵敗如山倒，蔣介石已作南遷準備。一九四八年秋冬，十二月起，故宮國寶、中央銀行的黃金，也幾乎是同時祕密啟動；播遷來台的計畫，使戰火狂潮橫掃，謠言四起；徐蚌會戰打得天崩地裂，平津戰役煙硝四起，到處兵荒馬亂；上海外灘實施宵禁戒嚴，但是船隻無視宵禁，仍在夜間開航。

這時船票也是一票難求，十二月起，太平輪除了民眾購票，軍方也徵用作為運送軍人與眷屬的運輸船。一些軍校、軍方部隊，開始大規模往台灣遷校、遷退，如楊太平父親楊民，是兵工學校學生，當時帶著快生產的妻子上了太平輪，在船上生下楊太平。

曾任建中教官的李正鵠，現年八十六歲，他是從塘沽坐大軍艦先到上海，回憶一起搭船的有兵工學校的化學兵，還有測量學校、工程學院的學生。從黃浦碼頭到吳淞口，船就開了一個小時左右，一起搭船的軍隊大概也有數百人，都擠上了太平輪。他們三點上船，五點開船，一開船，大家就進到船艙裡了，那時候海象尚平順，風平浪靜，到了基隆，再轉到花蓮。這與楊太平一家的記憶吻合。之後他到師大進修，喜歡攝影，還在兒子攝影展中，發表了自己拍攝的返鄉紀錄片。

一九四九年一月二十七日的太平輪，因為是年關前最後一班船往台灣，大家都爭相擠上船，希望到台灣與家人團聚。船隻滿載，加上來往兩岸的商家，運足了貨物要到台灣銷貨，如迪化街南北雜貨；加上各政府機關的報表文件，在檔案中初估有鋼材六百噸，中央銀行重要卷宗十八箱，東南日報社整套印刷器材、白報紙與大批參考資料，國民黨重要黨史資料也在船上；以及來往兩岸商旅的帳冊，有人訂購的五金、鐵釘……等原料。據世居迪化街的陳國禎描述，那艘船上還有許多南北貨、中藥材料、帳冊，原本是趁年關要結帳、清帳，船一沉，什麼證據都沒有了，出貨的店家沒辦法收款，買家尚未結帳，就趁此賴了一筆帳。

原本有效賣出的船票是五〇八張，但是實際上船的旅客，遠超過千人以上。據中聯企業在上海地方法院證詞表示：開船前，大量擠上船的旅客以及買票者的小孩等，都未列入名單，但是太平輪及其他早年航行台灣、上海的船舶，都有超載的惡行。據曾經服務海員工會的任欽泓

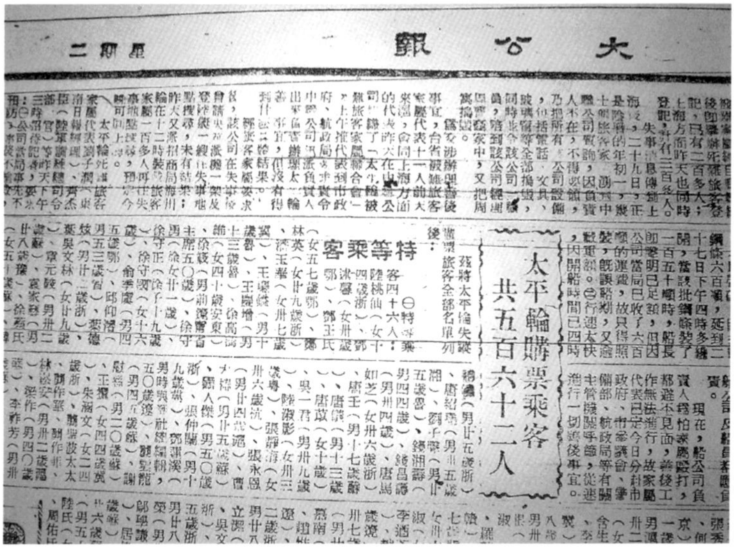
大公報 星期二

太平輪購票乘客
共五百六十二人

特等乘客

據中聯企業公司提供的名單，太平輪正式購票旅客只有五〇八人，報載人數更多，其他多是無票上船，或是隨行孩童，均不在名單上，實際上是嚴重超載。

回憶：當年這些船舶，只要與船上工作人員熟識，都很容易無票上船。在上海地方法院的檔案中，中聯企業提供的旅客名單，只有正式登記的五〇八名，報載卻是五百六十二人，如王淑良的哥哥，就是沒有在名單上的罹難者。

任欽泓坐一九四九年五月份最後一班中興輪從上海到台灣，他形容：最後一班中興輪人滿為患，大家爭著上船，船票行價是得用十五到二十條金子來換，他因為與船上駕駛員、二副都是朋友，所以用通行證上船，耳裡還聽到槍聲大作；守在船上的軍人，把爬不上船的旅客用繩索吊上船體；港口擠滿了人群，吵鬧喧嘩。在中興輪上，他擠在二副房間，其他旅客把走道、通路都塞滿了，「有些台階還坐了兩個人！動彈不得。」

劉真實在公公病榻前，聽得公公在十五、六歲時，身上纏著金條想換船票，但是船快要開了，家中親人已經逃上船，「快，快，快！跳上來！」親戚張開手，大聲呼喚！岸邊擠滿了人，萬頭鑽動，從岸邊望去，看不見海水；有人身上纏著金條，用力跳，金子太重了，人就撲通落入水裡，沉下去。她的公公一看，快快扔下身上纏繞的金條，用力一蹬，往要開航的太平輪上跳，「接住了！接住了！」

接下來再下一個航班的太平輪，就沉在舟山群島。當年跳船、接船的長者，都已做古，「提起那段往事，公公當年在病床上，還是落淚呀！」「他說怎麼跳上去的都不知道，只知道要逃命吧！」劉真實轉述中，依舊有萬般不捨。

據曾經坐太平輪的乘客記述：國共內戰後期，所有船票不再是票面價，多用黃金直接換船票；特別是舊台幣，天天貶值幾萬元，還不能換一碗麵，黃金就是最佳的買票工具了。有辦法的人，拿張名片也能上船。據說當年的船票，都比上海市政府公定價格還高，有些多賣出來的位置，就是船員們的外快，也難怪最後一班太平輪，超載了三、四百人多。在上海法院的起訴書中亦強調，太平輪「向來是超載累犯」的舊事。

細數出事原因

最後一班太平輪出事原因，傳說紛紜，有人說是超載，有人說是船員只顧飲酒作樂。還原現場當天：太平輪原訂計畫是一月二十七日上午要啟航，後來改到下午二時，可是直到開航前，太平輪仍在進貨，直到當天午後四時半才開航[7]。

當天太平輪因為趕著要運更多貨物上船，讓許多旅客在船上空等近一天。據盧超（太平輪的常客）回憶：一月二十七日，他送姪兒到台灣讀書，但是中午時分，姪兒打電話給他，說船還沒開，他肚子餓得很，請他送食物上船。盧超買了水果點心上船，「那時候甲板與碼頭齊平，以前我上船得由梯子上船，而此次竟是抬腳即可上船。[8]」可見太平輪吃水載重的程度。葛克也提及「全船無一空地，非貨即人，因此加速下沉」。

一位施奶奶在接受採訪時，也證實這班船的超載程度，讓她擔心，而在港口退了船票，改搭其他交通工具。據檔案中陳述，太平輪只是一艘中型船，但是那天又上了近六百噸的鋼條；太平輪上有船員告知不得再重載，但是船公司人員說，已經收了運費，貨一定要到台灣。不過中聯公司於事後曾登報解釋：「太平輪當天的鋼鐵貨量不到二百噸，船行駛出時吃水前十四呎、後十六呎，各尚有一呎富裕。」

太平輪為了在戒嚴期間趕著出吳淞口，因此在黃浦江頭加足馬力，快速前進。冬日天暗得早，原來大船出港應該是要點燈，但是時局緊張，行駛在吳淞江口的大小船隻，都不鳴笛、不開燈[9]。據當年在上海與家人等著要撤退到台灣的席涵靜回憶：年關到了，夜半船隻從大貨船、客輪到小舢板，什麼船都有；最早他還聽過街頭謠傳，太平輪是與一艘運橘子的船，迎面對撞而沉落。

船在近年關的黃昏駛出港口，一路沒點燈、沒鳴笛；為了怕被軍方攔截，太平輪改變航程，抄小路，往前快行。往來的船隻全為著趕年關，靜悄悄地在海面上滑行，夜越深，船行得越快，直到見不著江邊的燈火人家；船上的旅客為著快過年了，在船上喧嚷、打牌、吃喝，個

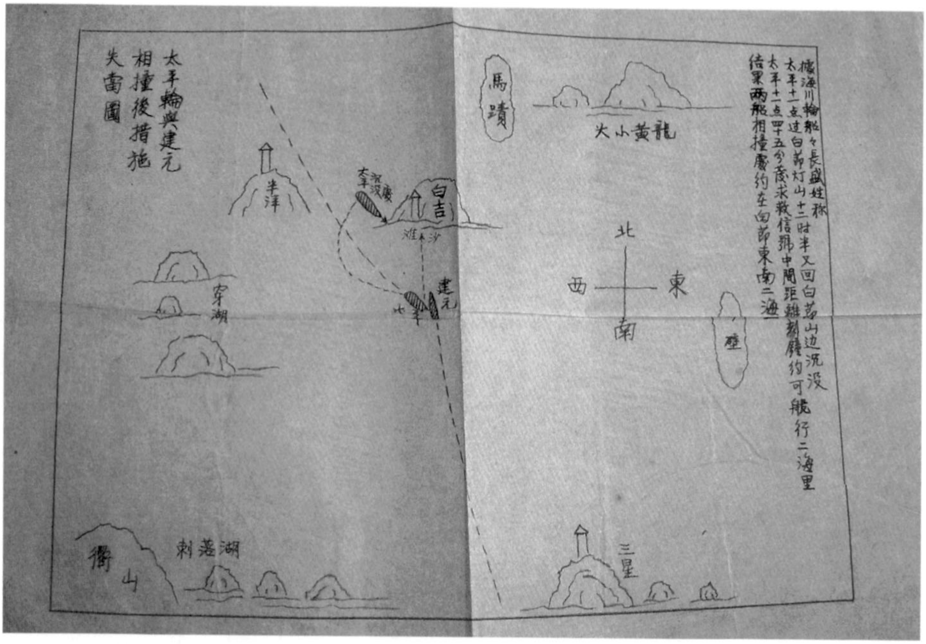

海川輪船長手繪的太平輪與建元輪出事地點座標圖。（翻拍自上海檔案館）

個都渲染著年節的喜悅。

為了迎合年節氣氛，太平輪管事顧宗寶在上船前，還特別採買了許多應景食糧：瑪琪琳、咖啡、培根、沙魚、目魚、鹹魚、海參、海蜇皮、干貝、鴨蛋、各種肉類、冬筍、火腿、香菇、木耳、大頭蟹、各類酒水、汽水……[10]，看來是為了在船上供應船員食用，也有旅客加菜，增添年節的準備。

因為開船那天，正是農曆小年夜，第二天就是除夕，全船大多數人都浸染在歡樂氣氛中，喝酒作樂，大口吃菜大口喝酒。生還者之一的太平輪廚師張順來說：「看到船上大副、二副們，當天晚上喝酒賭錢。船行出吳淞口，這天晚上海象極佳，無風、無雨、也無霧」[11]。但是船行出海，過了戒嚴區，迎面而來的是從基隆開出的建元輪，隸屬益祥輪船公司；這艘滿載木材與煤炭的貨輪，要往上海開，船上有一百二十名船員。那天晚上遠處仍可見漁火，約十一點三刻時，兩船呈丁字型碰撞，建元輪立即下沉，有些船員還立刻跳上太平輪[12]；隔了幾分鐘，太平輪船員還以為沒關係，結果沒多久，有船員拿著救生衣下來，這時全船旅客驚醒，要求船長靠岸。

據說船長立刻將太平輪往岸邊駛去，希望能靠岸邊，意圖擱淺，可是船還未及靠岸，就已經迅速下沉；許多尚在睡夢中的旅客，根本來不及反應，就命喪海底。據生還者徐志浩的描述：「太平輪與建元輪，都是晚上夜行，熄燈急駛，太平輪大副當天已喝醉，交由三副掌舵，三副忘記調舵，等發現建元輪迎面而來，提醒掛燈鳴笛已經來不及，兩船相撞時，又沒有即時放下救生艇，放下後，也沒人割斷繩索逃生。[13]」

生還者葛克也在法庭中記述：「砰然一聲後，茶房對旅客們說，建元輪已下沉，太平輪無恙，大家不必驚恐，但是我已放心不下，攜了妻兒登上甲板，那時下艙已有水浸入，只見兩只救生艇上擠滿了人，可是船上並沒有一個船員，把救生艇解繩入海……」

也有目擊者陳述，太平輪過於老舊，原本在出事前，已向美聯船廠登記要換鋼板、調換船殼，加以修理，可是還來不及進廠整修，就發生慘劇[14]。

千人慘劇，海上求生

生還者喬鐘洲、何崇夫、盧鴻賓等人，在接受上海大公報採訪時，曾經提及，「當時在海上，他們被船壓到海裡，吃了很多水，掙扎著浮到水面抓牢木板或箱子，又被浪打翻，這樣三四次，幸虧體力好，後來爬到木板上，半身都浸到水裡，寒氣逼人，手足都凍僵了[15]。」喬鐘洲後來到了台灣，投入《時與潮》雜誌社工作，是齊邦媛教授的表兄。盧鴻賓是位南京商人，家人都在台灣，但是所有積蓄財產都化為烏有，他擔心日後的生活該怎麼維持？

淒厲黑夜，海面寒風刺骨，夜越來越深，溫度越降越低，海上呼救的聲音逐漸微弱。據八十八歲生還者葉倫明回憶：當時不到幾分鐘，太平輪立即下沉，四周都是淒慘的哀號，冰冷海水浸蝕身骨，他與一些人趴在木箱上沉浮，熬到天亮，才被一艘外國軍艦救起。

海上求生，是生死存亡的關卡，有溫暖的相依相助，也有人性的醜惡。例如生還者葛克，曾經告訴妻子袁家姞說，當年還有人拿著槍枝，指著別人，讓出木板。葉倫明在事隔六十年後，都還記得在深黑的夜裡，四周盡是哀號慘叫聲，卻有人划著救生船，不管身邊的哭喊求救聲，揚長而去。「唉！」葉倫明長嘆一口氣。

席涵靜教授童年時候，在上海等船到台灣，太平輪生還者李述文，在逃過一劫後，到他們家談及脫險經過，讓他印象深刻。

曾經擔任文化大學教授的席涵靜，童年時候在上海與父母一起，等著要到台灣。國共內戰打得他沒上學，每天看新聞、讀報紙，了解太平輪沉船事件，在當

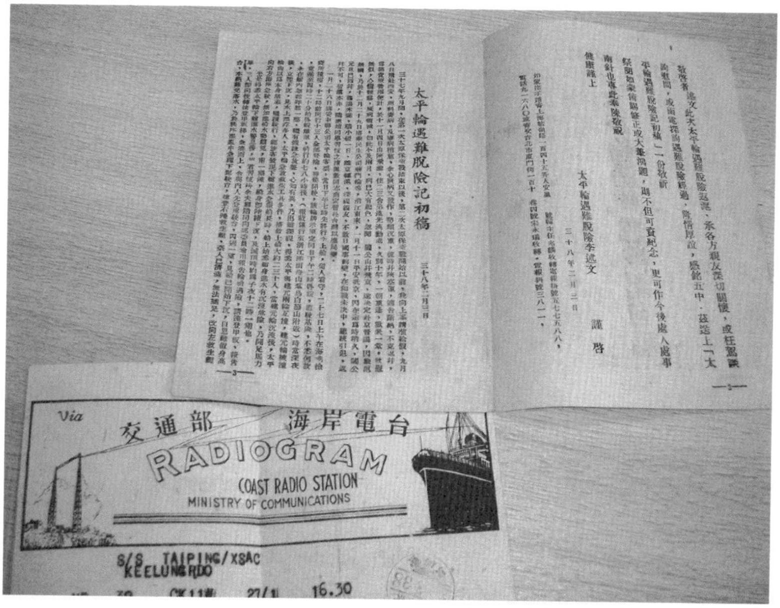

李述文的「太平輪遇難脫險記初稿」，是珍貴的佐證史料。

年是轟動的大新聞，他也記得山西省主席及一些老鄉，都罹難了。一位同鄉李述文是生還者，還到家裡來送了本小冊子，在他們家客廳敘述了逃生經過，這篇名為〈太平輪遇難脫險記初稿〉的記述，極為細膩地還原了沉船現場與逃生過程。

在李述文的記憶中，曾經提及，有船靠近而後走遠，見死不救；有人傳是中興輪，但是事後中興輪否認，表示事發時，中興輪並不在該海域。海難發生，大家都問：太平輪船長呢？太平輪生還者張順來在證詞中說：「船長不在上面，是二副在上面，出事以後，船長在裡面，船沉以後，船長在浮桶上跳海死了，他說無臉見人！」

在「尋找太平輪」紀錄片發表後，船長子女分別從紐約與澳洲，在部落格留言，感謝大家製作了這部片子，他們仍舊相信父親是失蹤了，還沒有回家。

李述文與葉倫明及其他脫險者，最感謝的是澳洲軍艦華爾蒙哥號，將生還者拉上船，先安排他們到火爐邊，換上水手的乾淨衣物，再把濕淋衣服拿去烘乾，每個人先給熱湯、咖啡、食物，帶他們去洗熱水沐浴祛寒，一面往吳淞口開去。

下午兩點多已到了上海港岸，等他們衣物烘乾，大略休息，恢復了一些精神，六點多才到外灘第三碼頭，準備離船。桌面全是個人用品、手錶、皮夾、身分證件、名片……等一字排開，烘乾、擦拭，供各人認領，「未短一張名片，未短一塊金元」，在他小冊子的描繪中，要下船前，全部脫險者向艦長與所有官兵列隊敬禮，表示謝意；中聯公司派車、派人來接往飯店休息，並供給食宿。

政商、名流、要員聚集

由於這艘船上乘載了太多的名人商賈，在過農曆年前夕，上千人以上的死難慘劇，許多人因此天人永隔，成了台海兩地大新聞。事值年節團圓以及為閃躲戰火流竄的家族，多是一家蒙難，或僅存孤兒寡母；家破人亡的家庭慘劇，一時間造成轟動，報章雜誌都以世紀大慘案來形容。

如山西省主席邱仰濬一家與同行的山西同鄉，遼寧省主席徐箴一家，蔣經國留俄同窗好友俞季虞，總統府機要室主任毛慶祥之子，台灣清真寺創辦人常子春的家人，台灣陸軍訓練部司令教官齊杰臣的家眷五口，袁世凱之孫袁家藝，國立音樂學院院長吳伯超，《東南貿易社》社長陸淑影與其先生，海南島代表國民政府接受日本投降的海南島司令王毅將軍，天津市長之子，《時與

太平輪是一艘貨船改裝的客貨輪。（翻拍自「尋找太平輪」紀錄片中模型）

潮》總編輯鄧蓮溪……還有許多當時公教單位，遷台洽公的公務員，如國防部第二廳調台灣職員三十多人，中央銀行押運員六人，僅祕書處廖南毅生還；還有淡水合作社負責漁苗放流的工作人員十三人，中央社編輯家人，郵電局職員，香港工商日報記者……加上許多來往兩岸的名人、商旅、眷屬，在台灣受訪者家屬中，李昌鈺之父，林月華之父，棒球名球評家張昭雄之父，東勢寶島燻樟的吳祿生……都是早年成功富商；還有香港已故女首富龔如心的父親，因為來台洽公，也不幸離世。從一九四九年一月底到次年，太平輪事件都仍是台灣、上海的社會焦點。

在事發後，太平輪受難者相關家屬紛紛動身，前往失事現場關切，如常子春、楊洪釗及齊杰臣……都因為妻小一家沒有消息，心急如焚，立即前往失事現場與上海中聯公司了解情勢。楊洪釗還與一些家屬到失事地點舟山群島附近搜巡，李昌鈺記得母親雇用飛機盤旋失事現場海域，希望還有找到生還者的契機。

太平輪事件後五天，一月三十一日，北平失守。

二月五日國民政府南遷廣州，三月二十五日，中共中央遷至北京[16]。

舟山群島失事現場，還有生還者

太平輪、建元輪互撞，大約是在一月二十七日晚上十一點四十五分左右[17]，建元輪在五分鐘後滅頂，太平輪隨即下沉。據張順來的陳述「十二點半的光景就沉了」，李述文記得是「十二點一刻」，葉倫明表示，「船沉後沒有多久，海面就一片寧靜。」

據中聯公司委請招商局所有之海川輪等輪船與飛機，前往出事現場偵察、打撈，當時船長手繪正確失事地點：約在舟山群島附近，浙東海面東經一二二度三十分，北緯三十度三十分，也就是在白節山與半洋山、三星山之間的三角航線，附近暗礁重重，航道水深流急。建元輪船長則在沈家門附近被撈獲，據熟悉水域的人說：這是個難駛的海面。

家屬也投入人力、財力，雇請船舶、飛機幾度來回搜尋，也曾登岸至各小島，發散尋人啟事，派人打撈遺體；中聯企業公司在二月二日發出懸賞，搜救生還者獎金一千萬元，罹難者打撈五百萬元，報告地址尋獲者三百萬元[18]。

據官方說法，當時被救起的生還者有三十六名，其中太平輪旅客有二十八人，船上職工有六人，建元輪上有二人，共計三十六名。在二月二日的《台灣新生報》和二月三日的《中華日報》報導記載，除了被軍艦搭救的人員外，還有三名旅客脫險。同年二月十七日《大公報》刊登了徐志浩的文章，並註明徐是自行脫難，不在前述生還者名單之列；加上先前人數，足見有近四十人生還。

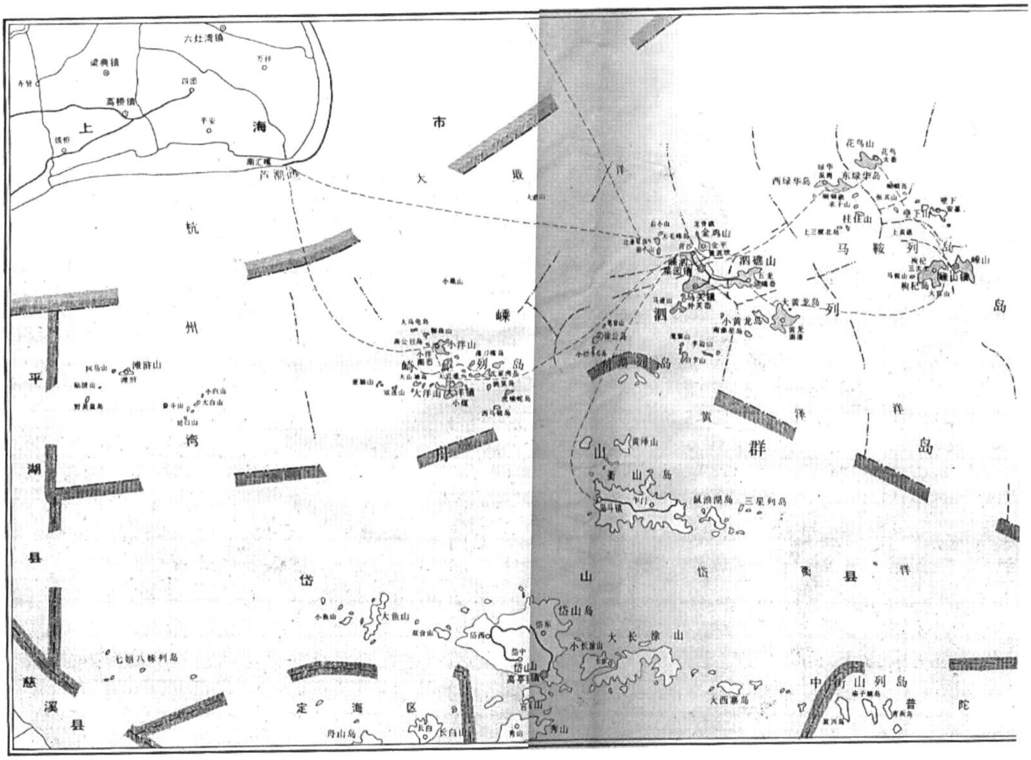

舟山群島海域廣闊，海象複雜，船難後，救援不易。

據世居舟山群島的姜思章表示，太平輪出事時，他只有十幾歲，海面盡是散落的行李物品，有許多漁民前往打撈物品；他的父親與幾名船家，在深夜摸黑救了幾名生還者，用漁船拉他們上船，第二天太陽升起，把他們送往群島附近的相關單位才返家。但是時代久遠，姜思章說：早年父親沒有留下脫難者姓名，所以也不知道當時救出多少生還者。

如果舟山群島生還者加上之前的四十位脫難者，據推測，太平輪生還者應不止四十人，也突破原先官方說法的三十六名。

保險公司倒閉，家屬組善後委員會

事發後，太平輪受難家屬立即成立「太平輪被難旅客家屬善後委員會」，負責與中聯公司談判賠償事宜；兵分二路，分別在台灣與上海受理罹難家屬登記，一是在上海地方法院提出告訴，一是在台灣要求賠償。太平輪原先向英國二家保險公司投保，一是華泰產物保險公司，一是鴻福產物保險公司，當沉船事件發生，這二家保險公司負責人都逃離上海。

在蔡康永一篇名為〈我家的鐵達尼號〉一文中，提及太平輪的保險事件：「爸爸從來沒有跟我說過太平輪沉沒的原因。只提過當時他們公司所擁有的每一艘輪船，一律都向歐洲的保險公司投保。唯獨太平輪啟用前，因為上海一位好友自己開了保險公司，為了捧好友的場，就把手上最大的這艘太平輪，讓好友的公司承保。太平輪一出事，爸爸好友的這家保險公司，立刻宣布倒閉。所有賠償，由輪船公司自己負擔。」

齊杰臣是當年太平輪受難家屬成員，也是太平輪受難家屬求償的代表之一。

事發後，由齊杰臣、楊洪釗、高正大……等九人，從台灣趕到上海中聯企業公司，同赴失事現場協尋。台北受難家屬就分為總務、調查、聯絡三組，並推派各組代表，共計有二十一人，一月三十日台灣新生報就登出「中聯公司傳將宣告破產，家屬昨赴警局請願，要求假扣押公司在台財產，負責人交保」的新聞，當時坐鎮上海的是中

地方通信
安聯輪事件纏訟
公司對高雄地院提起抗告
地院仍將輪假扣押
天河煤礦
經理又換人
買煤按米價

太平輪事發後，高雄法院扣押了停泊在港口的安聯輪。

聯企業公司的總經理周曹裔，台北分公司由經理朱祖福留守。

接下來幾個月，受難者家屬分別展開了兩岸的訴訟官司與賠償事宜。家屬們向台灣省主席陳誠陳情，也向立委謝娥陳情。台灣律師團有陳國颺、許鵬飛，會計師周何聖；上海律師為章士釗、楊鵬。同年二月六日，受難者家屬正式聯名向中聯公司提出告訴；二月七日起律師團即連續在報上刊登廣告，呼籲大家不要買中聯公司財產，防止該公司脫產，並要求受難者不要個體行動要求賠償。

二月十一日，高雄法院扣押中聯企業公司安聯輪；二月二十八日，中聯公司首次舉行受難者公祭；三月十一日，太平輪受難家屬提出假扣押安聯輪，並要求中聯公司如能提供白米八十萬擔，每擔一百市斤，即解除假扣押，中聯則提出七點抗告；四月六日，在上海法院還開庭審理太平輪一案。

審理期間，兩岸當時局勢已無法控制，人心惶惶，四月二十三日，解放軍進占南京。五月二十日，陳誠宣布台灣地區戒嚴。

在國共局勢危急後，「太平輪被難旅客家屬善後委員會」齊杰臣等代表人，立刻回到台灣，向台灣省參議會呈請協助，要求中聯公司賠償案，送請最高法院、省政府、台灣高等法院、台北地方法院、台灣銀行等機關辦理。歷時將近二年，解決了太平輪受難家屬賠款案，其間居中協調者，為時任台灣省參議會祕書長連震東。

訴訟期間，中聯公司投保之保險公司惡意潛逃，中聯公司必須全負起賠償金額，股東多半四散的情況下，由總經理周曹裔扛下大部分賠償重責。

中聯如何賠償善後？

中聯公司是由一群寧波同鄉集資興辦的輪船航運公司，總經理周曹裔，原來從事茶葉買賣，也擔任過杭州巴士的董事長。據蔡天鐸在三五四期《寧波同鄉》刊物上發表的一篇短文指出，中聯企業公司股東係由周曹裔、龔聖治、蔡天鐸、馬世燧、周慶雲等五人暨家屬所組成。

據蔡天鐸之子蔡康永在〈我家的鐵達尼號〉一文中提及：「所謂『我們的輪船』，其實是幾十年前，爸爸在上海開的輪船公司的船。這家公司所擁有的輪船當中，最有名的一艘，叫做《太平輪》。」

二〇〇九年四月底、五月中旬，分別二次與周曹裔兒子、媳婦，孫子、孫媳婦，有過小小的聚會。周家兒子說，事情發生時，他只有六、七歲，當天晚上，有近三百支火把包圍著他們家，憤怒的家屬湧入家中，搗爛了家中所有家具、擺設，公司的大門、辦公設備、玻璃窗，全部被砸毀。

「我爸爸當年四十三、四歲。」在上海法院的檔案中記載，周家被砸那天是大年初一，受難者家屬先到公司，因為發現沒人上班，憤而轉到周家砸毀家具。周家兒子記憶中，太平輪出事後，父親忙著處理，股東們全部跑掉，為了怕有人再來鬧事，母親帶著他連夜搬家。

母親告訴他，太平輪出事，股東四散，保險公司倒了，他們得扛起賠償的責任；他陪著母親住在上海，房子越搬越小。解放軍進城了，母親把所有的金飾首飾拿去理賠。

一九五〇年，他們輾轉到香港，再到台灣定居，賠償事宜也持續進行中。事實上，太平輪事件發生後，中聯公司已經沒有能力賠款，除了周家私人現金、財產拿出應變，市面上幣值一日三變，通貨膨脹劇烈；公司所有器具被砸毀，旗下華聯輪、安聯輪被扣押，船員無法出海，船東又得付薪水，中聯公司幾乎無以為繼，只剩一具空殼。

中聯公司員工曾在同年三月份，上書上海市參議會一封陳情書，提及公司經營困境；指出公司員工在沉船後擔任善後工作，「在難屬悲憤之下雖被毀物毆人，受盡磨折，但均賦予同情，

洽辦太平輪善後

中聯公司總經理周曹裔 定今晨與旅客家屬晤面

失蹤旅客昨晚尚無尋獲消息

【本報訊】為尋覓太平輪失蹤旅客，中聯公司前天下午曾派海川輪（招商局）裝旅客家屬百餘人到舟山羣島洋面搜索，昨天上午十時到達，當即租帆船一艘到附近各小島搜索，有無太平輪旅客待救，至昨晚止，乃[illegible]島上發現失蹤旅客百餘人一說不確。

該輪失蹤旅客家屬代表昨天往訪吳市長及航政局洪局長，吳市長表示當盡力督促船公司從速搜索打撈及辦理一切善後事宜，航政局洪局長則責令中聯公司負責[illegible]

經洪局長從中斡旋後，中聯公司總經理周曹裔已定今晨十時與家屬代表晤面，洽商辦理善後工作。

另據航政局消息：太平輪失事地點正當白洋山、白節山及三星山三燈塔的三角形航道上，航輪經[illegible]

報載中聯企業總經理周曹裔出面，洽談太平輪賠償事宜。

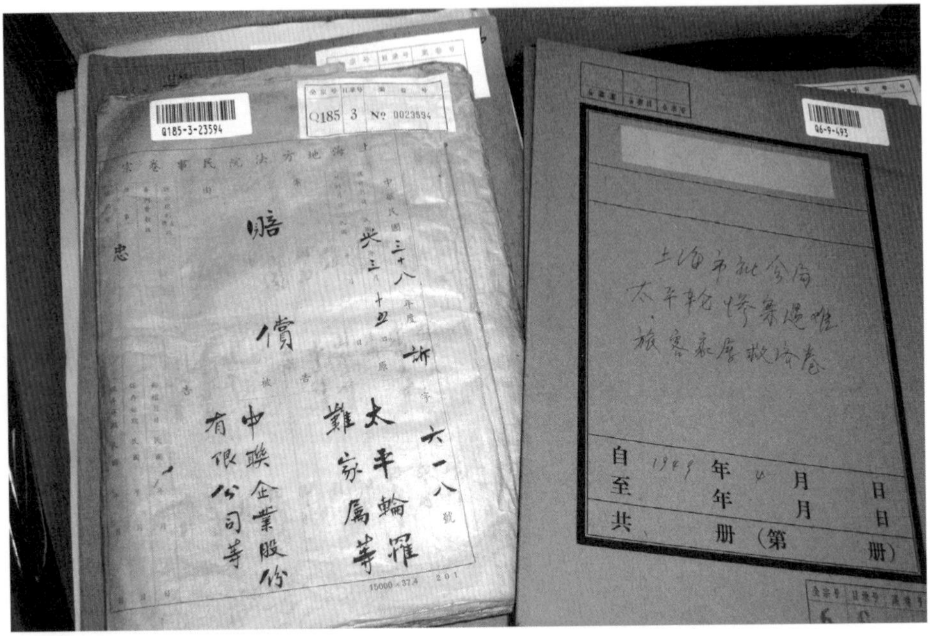

上海檔案館與台灣省諮議會，分別在兩岸保有最多太平輪訴訟文件。

一本忍辱負重從未有所怨言，嗣後難屬百端需索公司，當局委曲求全，有求必應，致將員工薪津一再欠發，惟因平日勞資協調，故員工體念公司之艱巨，從未有以相逼，詎料太平輪被難旅客善後，竟得寸進尺，變本加厲，除將本公司安聯輪在途經高雄時，擅請扣押，停止航行外，現又擬將本公司僅存之華聯輪，加以扣押。聞該會擬計畫將兩輪另行出租，以收入抵賠償，如此公司業務停頓，收入既無，則員工眷口近萬之生計，將何以維持，事關命脈所繫，安能坐以待斃，為維護員工職業計，除商討對策自動保障職業外，並籲請各界社會人士主持正義。」

「太平輪被難旅客家屬善後委員會」為了千條人命賠償，早早就申請了扣押中聯公司的安聯輪，要求賠款；但是周家與中聯公司，已經無能力償付千人以上人命的賠款。受難家屬

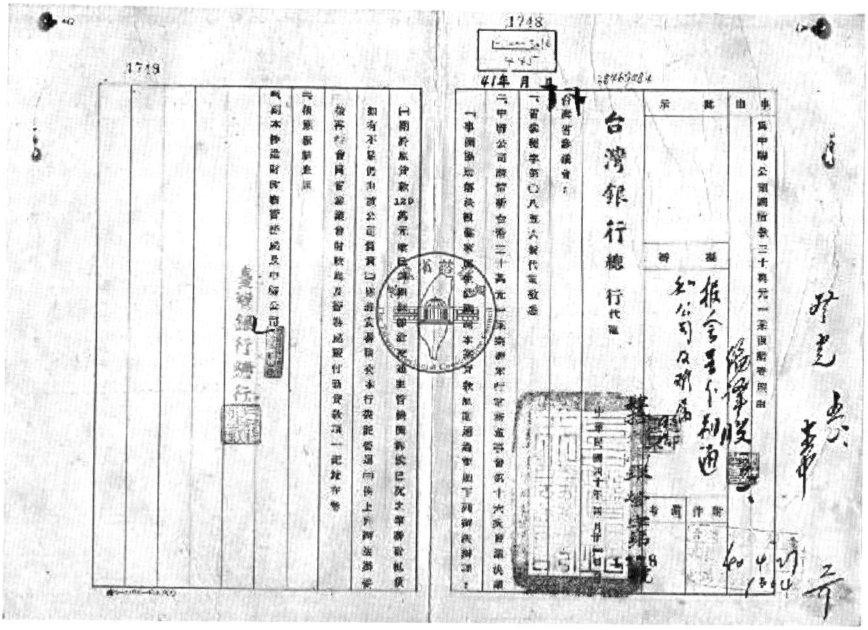
1748

41年 月 日

台灣銀行總行代電

1719

臺灣銀行總行

中聯企業公司在太平輪事件之後，為了支付巨額賠償，向台灣銀行抵押了兩艘船。

多是孤兒寡母，生計困苦，急需賠償金度日，在民國三十八年台北地方法院的起訴書中：「而原告等竟因之或全家罹難孑然一身，或兄弟云亡痛失鶺鴒，或妻孥傷命僅存鰥夫老幼孤寡，號寒哭飢，所有資產貴重財務，均漂沒在汪洋大海之中，此真人間之慘事，而為舉世所同悲者也。」

相隔一個月，上海地方法院起訴書中，也為受難者家屬喊冤求救，「被難家屬遺孤寡婦，生活失其所依，其淒泣呼號、籲叫求援悲慘」。

輪船被押，船員工作無著，受難家屬遺孤要顧全。周曹裔到了台灣，要求以華聯輪向台灣銀行抵押現金一百二十萬新台幣，做為償債的抵押品。於是當年六月份，台灣省參議會、財政廳、招商局、交通部、台北地方法院與台灣銀行一起開會決議，答應中聯公司以華聯輪抵押貸款，以支付太平輪事件受難家屬；這項貸款，直到次年四月二十一日才撥付全額；一九五〇年五月三日，安聯輪也向台銀抵押了三十萬現金，做為支付太平輪事件賠款使用[19]。

這時，中聯企業公司兩艘營生的商船，都抵押給政府，太平輪沉沒，這家公司已經無法營運。大部分太平輪家屬們接受訪問時，試著回憶：賠款實在是少得可憐！東勢富商吳祿生之子吳能達說，他到二十幾歲，看見早年書信往返，中聯企業公司確有賠償，但是事發當時他只有十二歲，不復記憶了。《時與潮》總編輯鄧蓮溪之子鄧平回憶：早年是分批領取，但是金額不高，家中生計全落在母親身上。在一些訪談中也發現，許多人的賠償金完全沒有到當事人手中，即被其他親戚以代為保管為由，欺負無依無靠的孤寡家庭，甚至還沒有到達受難者家屬手中，就中途蒸發，不知去向。

曾經在海員工會工作，處理過太平輪賠償事宜的任欽泓表示：當年事發後，太平輪與建元輪的船員，都只有個位數生還者，大部分船員罹難，但是在次年五月前均獲理賠。任欽泓歸功於海員工會組織龐大，在太平輪與建元輪碰撞事發後，即與船東協調，第一階段提出賠款要求，最後是以每位罹難船員八十擔米解決；因為通貨膨脹無法控制，早上拿了錢幣，下午可能是廢紙，倒不如拿白米實惠（當年白米是貴重物資）。

華聯輪與安聯輪，成了中聯企業公司向銀行抵押的商船；但是抵押後，兩艘船都並未再出航，而是在港口風吹雨打、日曬雨淋，最後成了一攤廢鐵。據說蔣介石曾經搭乘過兩回華聯輪，到各地視察，還在船上寫下「同舟共濟」四字。華聯輪船內裝潢多用進口貨、舶來品，是一艘豪華輪船。周曹裔兒子回憶，他們看到安聯輪、華聯輪在港口閒置，覺得好可惜！母親還說：「華聯輪的地毯與窗簾，都是英國的呀！唉……」

傳言中，太平輪是黃金船？

當年坐上太平輪的政商富賈，多帶著金條當保命錢。

向來坊間傳言太平輪是艘黃金船，船上有許多政商名流，一直為這艘沉船添加了幾許神祕色彩。逢小年夜，大家趕著到台灣過年，戰火烽煙漫天，有人是要播遷到台灣安居，金飾珠寶、值錢細軟多是能帶就帶。曾經有位太太在逃難時的記憶是：身上纏了一圈值錢的金條，外面一件大布衫，寬寬大大看不出什麼玄機。

傳言中這班太平輪還帶了故宮古董，有人聽說「懷素的字也在船上」！戰火動盪，北京最大玉器行鋪「永寶齋」負責人常子春，決定離開北平世居，早早到了台灣，另闢天地，讓一家大小把所有家當都搬上船，值錢的玉器、骨董，也全沉在浙東海域了。

上海小兒科名醫徐小圃，也是收藏豐富的骨董玩家，傳說他珍藏的名人字畫都在船上；更有不少達官顯貴，都會帶著稀世珍寶在身邊，所以在沉船後，海面上盡是珠寶、首飾……木箱、文牘四處飄流，在舟山群島海域，也一直有漁民打撈到金銀珠寶的傳言。

至於故宮文物是否也在太平輪上呢？據了解，故宮國寶多半在一九四八年底，分三大批由海軍運輸艦中鼎輪、崑崙艦，與招商局商船海滬輪等，搶運到台灣。同年十一月，中央銀行的黃金也同時分批運往台灣，負責運黃金的，從海軍海星號、美盛艦、峨嵋艦，到招商局的漢民輪等，後期軍機也加入了運送的搶救行動。

一九四九年二月三日，上海大公報記載，船上最大貨物失主是中央銀行，除了該行全部卷宗外，還有運廈銀洋二百多箱，每箱五千元，約一百多萬元；同月十七日，該報再度重提，船上有銀元、金條，導致船身失去平衡。

在台灣訴訟檔案中，留有周曹裔的資料。

長久以來，太平輪是條黃金船的傳言不斷。二〇〇四年，李登輝曾在一場合說到：「不要以為台灣今天的繁榮，是國民黨抵台時，運來了九百六十萬兩黃金，事實上沒那回事，那艘船從南京來台灣時早在揚子江（長江）口就沉沒了。」一時間，大家又想起了太平輪的黃金傳言。

太平輪上有中央銀行六位行員押貨到台灣，在記錄上他們是押送文件，其中只有一位生還者，罹難者中有一位是國庫處的員工。據《黃金檔案：國府黃金運台一九四九年》書中陳述[20]：作者父親吳嵩慶將軍（負責國民政府撤退台灣時的黃金搬運工作），在一月十日後，得到蔣介石的手諭，把國庫中的金銀元、美鈔移做軍費，向台灣、廈門輸送，黃金全是用軍機運送，只有銀元用軍艦送，也許把一些銀元分點零頭給了太平輪運輸；據他書中資料推陳，「沉在太平輪的，估計只有銀元、銀磚，而沒有黃金」。

周曹裔兒子轉述：早年他的長輩在提及太平輪時，父親總是沉默不語，母親覺得惋惜。父親、母親一無所有到了台灣，「大時代的悲劇，誰也不願意發生這樣的慘案哪！」偶爾有些長輩會提到，當年把那一箱箱沉重的中央銀行箱子搬上太平輪，「一個箱子要八名壯漢才搬得動，總共搬了三十六箱」。或是曾經有的繁華舊夢，「母親感傷，父親始終沉默」。

「爺爺都不說話，我們家房子不大，就住在小小的公寓裡，我放學回家就看他坐在客廳，看著窗外。」周曹裔孫子回憶，爺爺在他小學三年級時過世，也帶走了所有太平輪與中聯公司的舊事與遺憾。

周曹裔兒子、孫子，在台灣生活簡單，都是單純上班族，「我們也不知道能為太平輪做些什麼？」他們誠懇地說。

隨著兩岸開放的腳步，也曾有過，外籍打撈公司，對岸機構託人來台向周家後人詢問太平輪打撈事宜；事隔六十年，沉船打撈，一直有人舊事重提，但是能否有進展，仍是未知數，只憑添了更多想像空間。

太平艦與其他運輸船，擔起大遷徙重任

太平輪慘案發生後，國共局勢更形慌亂，逃亡潮正式開始。當時國民政府運用軍艦，或是租用民間商船，大量運送到台灣的遷徙移民，光是在一九四九到一九五〇年就湧入了近一百萬的軍民。細數從一九四六到一九五二的七年間，大陸遷台近二百萬人之多[21]。

太平輪沉沒後，海軍「太平艦」也在一九四九年加入了大撤退的任務，當年艦長為馮啟聰將軍（左一）。

在談論太平輪事件時，常與太平艦混淆：太平輪是商船，太平艦是一九四〇年代，與其他七艘「太」字輩海軍艦（太和、太康……等）同時服役的軍艦。畢業於黃埔二十四期的馮啟聰，抗戰勝利後升為登陸艦艦長，一九四九年初調任太平艦艦長；太平艦是一艘具戰鬥力的護航驅逐艦，曾在年初執行封鎖長江，截擊英國郵輪，一舉成功[22]。

大逃亡潮開始，太平艦也擔負起撤退的任務，載著大批遷徙台灣的平民百姓，一路順風順水越過台灣海峽。馮啟聰之子

馮紹虎透露，母親當年與家人，就是搭著太平艦到台灣，大家第一次坐上軍艦，都很新奇，四處張望、閒逛；他記得小舅舅說，大家看到抽煙斗的船長來了，全跑去圍觀穿著軍服的船長，「據說那排雙排扣很帥！」

「那年母親還是南京女高的女高中生，在船上並不認識這位神氣的艦長，之後她的同學介紹認識，就嫁給艦長了！」坐著海軍艦撤退到台灣，後來嫁給艦長，也是一段亂世佳話吧！

一九四九年的金門戰役「古寧頭大戰」中，馮啟聰再立汗馬功勳，後來擔任海軍總司令及國防部副部長。

在大撤退任務中，時局危急，曾由上海派出三十五艘輪船，一路把十萬大軍平安接回台灣，全數運到基隆；當時除了有中興輪、復興輪船公司，海牛號、海鷹號等商用船之外，還有台安輪，原屬裝甲兵的供義輪，空軍的亞洲輪，青島長記公司的得春、利春、亨香等輪船，四川民生公司的民族輪……都是加入大撤退行列的商船[23]。國民政府從北到南，都有徵調各處民間貨船，與軍艦一起轉進台灣的記錄。

前兩年，香港知名船商顧國敏接受媒體採訪，談及國民政府自大陸全面撤退時節，顧國敏和父親顧宗瑞經營上海泰昌祥輪船行，原本家中景況優渥，但是七艘船全被國軍徵用，只好自費租飛機，全家才逃出上海，當時口袋只剩五百港幣。

在採訪中，八十多歲的老航商顧國敏不禁感慨，「為什麼我們家的事都沒人知道，當年國家徵用，不收錢，帶來政府要員和中央銀行的金銀財寶不計其數，還有故宮文物，對國家貢獻多大。」但是後來都不聞不問。

在訪問中他談及：當時國民政府曾登報感謝，應允將從優賠償撫慰。各船公司協助接運部隊來台，這些民間商船，包括泰昌祥輪船行的客船「江蘇輪」，都是在一九四九年五月被國軍「無償徵用」運載部隊，「等於充了公」，到了台灣都被各部隊控制運用，或充作水上兵營和倉庫[24]。

作家筆下的太平輪及其他

一九四九，對這一代的華人是個敏感的數字，戰火迷亂，兩岸相隔，記憶離散在許多來台灣作家筆下。一九四九年離別故鄉，到了台灣落地生根六十年，悲傷哀怨，往往成為上一世紀的符碼；最後一班船，成了少年青春的鄉愁。有人一輩子沒有再回到故土，有人再回少年山河夢土，卻再也喚不回花樣年華。

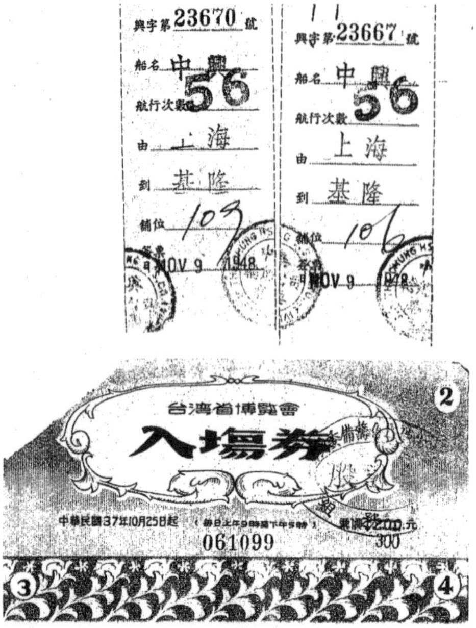

林海音保有的中興輪船票。

太平輪曾在白先勇筆下，化為小說《謫仙記》的題材，《謫仙記》中曾寫到一位上海小姐李彤，在接到太平輪出事、父母都遇難的小說情景，之後被上海謝晉導演改編成電影《最後的貴族》。

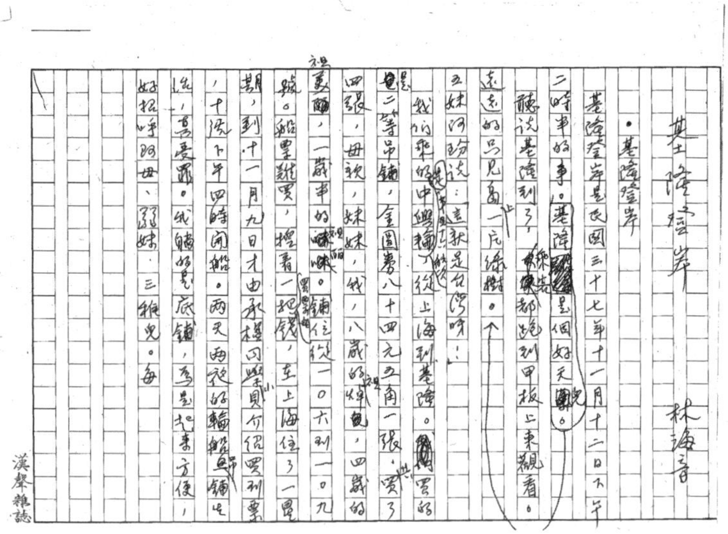

林海音手稿中談到坐船到基隆的印象。（林海音家屬與國家文學館提供）

二〇〇七年春天，與曹又方在上海相約吃飯，她說要寫部小說，構思把太平輪背景放入。回台灣後，我把太平輪相關剪報資料寄到她珠海住處，相約哪天再多聊些太平輪往事；可惜她今年春日辭世，我們來不及一起再賞桐花，也不知道太平輪的小說，她寫完了嗎？

五〇年代女作家徐鍾佩，曾經生動地描述了搭乘太平輪的經驗，「太平輪是一個黑黝黝的大黑洞，人一下洞，就有一股異味撲鼻，地下又臭又酸，原來是艘貨船改裝。[25]」

夏祖麗說，她們全家是坐中興輪到台灣，她的丈夫張至璋全家也是，只是當時年紀小，不復太多印象。她的大哥夏烈說，她們全家坐中興輪，但是父親何凡早年許多精彩照片，參加比賽得獎獎牌，全跟著太平輪沉落海底了。他們的母親林海音，卻細心保留了中興輪船票、及一篇陳述他們初到台灣的短文。

許多作家都曾描述離開大陸的最後一眼，如軍中作家王牧之、王鼎鈞，都曾敘述過別離愁

曾經對立六十年的政治標語、口號退場，如今是公仔商品滿天飛。

悵。司馬中原是在一九四九年五月十二日下午，坐上最後一班「大江輪」商船，駛入長江，在共軍的炮火射擊下，仍往台灣航行。他形容上船時，「當時雨落得很大，炮火卻不斷盲射而來，碼頭北面是大片廣場，廣場上幾乎排滿了裝甲軍車……我被安排在船腰上空的一艘救生艇上，視界廣闊，空氣很清爽，但離開烽煙滾滾的大陸，心裡卻很淒傷。[26]」

雷驤也是在一九四九年五月隨家人到台灣，槍聲、炮聲已經在虹口響起，雷驤與母親、家人，趕上最後一班海鷹號；他的父親與哥哥，分別是坐太平輪與中興輪到台灣。海鷹號船長妻小仍留在上海，船長也知道這回出航到了台灣，與家人很難再聚首，他不願出航，二度駛出港口，卻又再開回黃浦江頭，心中萬般不捨，「最後好像是有人拿槍指著船長，船才開出去，向台灣航行。」

上船後，他與哥哥住在船員室裡，旁邊是啟動船行的大鍋爐，溫度高，船又晃，他只記得暈吐的感覺，他們只能躺著，躺到風平浪靜，台灣就到了，那年雷驤才九歲。

一九四九年劃開了兩岸，也劃破了兩個不同的政權與時空。台灣政府說：神州變色，要建設台灣，做為反共抗俄的基地。在舟山群島大撤退後，甚而提出了「一年準備，二年反攻，三年掃蕩，五年成功」的目標。大陸則高喊勝利解放，人民當家作主，中國一定要解放台灣。之後兩岸互稱蔣匪、毛匪，劍拔弩張了半世紀。

六十年過去，兩岸開放探親、通商、通婚、直航。兩位在過去打得你死我活、打得石破天驚的領導人，都已作古。兩岸情勢丕變，曾經對立的標語、口號漸次退場，取代的是向錢潮靠攏。對岸滿街的毛澤東手錶、毛家菜、解放軍書包，海峽這頭蔣家商品、蔣家傳奇，全成了觀光客吸金器，兩岸都在賣他們的公仔、肖像、傳奇，彷彿遺忘了昔日的家破人亡、妻離子散。

回首六十年前，來不及到達台灣、葬身海底的魂魄，早已隨巨浪舞動向天；洶湧潮水，將陳年往事滾向遠方。抬頭：天，望不見盡頭；海，看不見彼岸。所有的幽怨，化為沉香，期待著下一輪太平盛事！

1 上海地方法院訴訟書，1949.4.6。
2 見太平輪歷次貨運噸數記錄表。
3 見《輪機月刊》廣告，寧波同鄉會第351期〈航業海員多甬人〉，作者任欽泓。
4 中央研究院近代史研究所《烽火歲下的中國婦女訪問紀錄》。
5 見電影《集結號》。北京中央電視台拍攝「淮海戰役」紀錄片。
6 《徐蚌會戰》，作者周明，知兵堂出版。
7 根據葛克與何業先供詞，上海地方法院證詞，1949.4.6。
8 盧超證詞，上海地方法院，1949.4.6。
9 生還者喬鐘洲目擊陳述，上海地方法院證詞，1949.4.6。
10 顧宗寶之父顧右春，提供其子代為採買太平輪食糧清單，向中聯公司求償代墊金額。
11 葛克證詞，上海地方法院證詞，1949.4.6。
12 生還者建元輪船員唐阿珠證詞。
13 見《上海大公報》徐志浩撰〈太平輪是怎麼失事的〉一文。

14 何業先證詞，上海地方法院，1949.4.6。
15 見《上海大公報》，1949.2.1。
16 見郭廷以《近代中國史綱》。
17 生還者張順來等人證詞及《上海大公報》等報導。
18 該幣值為舊台幣。
19 台灣省參議會檔案。
20《黃金檔案：國府黃金運台一九四九年》，時英出版。本書作者吳興鏞，父親吳嵩慶將軍奉蔣介石手諭，運送黃金到台灣，書中提供了當年參與運送黃金的第一手訊息。
21《快讀台灣史》，作者李筱峰，玉山社出版。
22《中外雜誌》331期〈海軍大英雄馮啟聰的生平〉。
23 寧波同鄉會351期〈航業海員多甬人〉，作者任欽泓。
24〈台灣的敦克爾克愛國船商貢獻大〉，《聯合報》，記者盧德允報導，2005.7.19。
25 出自《我在台北》書中〈地獄天使〉，重光文藝出版。
26《文訊285期》〈雲煙瑣憶來台六十週年〉，作者司馬中原。

別離之舟

——太平輪人物故事一

〔葉倫明〕

生還者，長跑的紀念

六十年前一場近乎千人的海難，幾乎為世界遺忘。倖存了三十六位生還者，在多年後，沒有人知道他們在哪個角落；但是對生存者而言，他們一生也不能忘記，六十年前的那個晚上。

葉倫明是目前能採訪到的唯一生還者，令人動容的是，葉倫明一直用他自己的方式——長跑，來紀念當年死難的朋友；他也是香港最年長的馬拉松長跑選手，在香港頗具知名度，拍攝過許多公益廣告。

活著是歷史見證

二〇〇五年五月，站在人來人往的銅鑼灣地鐵站，車聲、喇叭聲喧嚷著在街頭嘶吼。精瘦的葉倫明出現了，一時間很難想像，六十年前，他躲過生離死別，活著成為歷史的見證。

這位在香港被暱稱為「葉老」或「葉伯」的葉倫明，在一九八〇年到了香港定居，天天慢跑，還參加腳踏車、游泳、慢跑三項鐵人賽的比賽，「我要為他們而跑！」

在葉倫明口中的他們，就是一九四九年一月二十七日晚上，在太平輪與他一起用過晚餐的朋友。他還記得那個晚上，大家都很興奮，因為那天是小年夜，大家期待下了岸，可以見到家人團聚。葉倫明與幾個熟識的朋友坐在一桌，他坐在飯桌邊上，為大伙盛飯；沒多久突然聽到一聲巨響，衝出去，甲板已經傾斜，海水進到船艙，大家紛紛逃命。

他記得被沖進漩渦裡，幾乎沒有辦法呼吸。可是他想：不能死呀！一咬牙，努力往上游，衝出了漩渦，頭伸出了水面。海上一片慘叫聲、救命聲、哭聲，飄落在海面各個角落。夜深，空氣冷冽，冰涼海水陣陣打在腳心，他摸黑看見一個木桶，緊緊捉住；依稀記得這樣的木桶有大、中、小三個，也分別有人看見，快快地摸上了木桶。他開始努力尋找是否還有生存者，有人伸出手來，就盡量拉住他們的手，讓大家可以齊心趴著木桶，等待救援。

深沉大海一片漆黑，剎那間沒有了聲音。他趴在木桶上，遇到有人，就努力伸手試試是否還有呼吸；摸到有些人的腳，也會攀住，試著一起爬上木桶。十幾個人在海裡載浮載沉，一起游移。他回憶當時太平輪應該還有十幾條救生艇，但是撞船時太突然，根本來不及放救生艇，甲板就迅速沉下。「有人心腸很壞，自己放了小艇，也不願搭救別人，就往前衝了！」

葉倫明是六十年前海難生還者，目前長居香港。

六十年過去，葉倫明依然憤怒。

漫長海上漂流，冷濕、無盡地等待，大家只聽到彼此的呼吸聲，也不敢交談。在生還者李述文自述中[1]，也提及雷同的經驗：「從此茫茫大海，一片汪洋，除聽得斷續之『呼救』聲及怒濤聲外，別無所獲。福無雙全，禍不單行，落水恐懼，已足使人精神受極大威脅，而天氣冷凍之嚴酷，直可使活人凍僵，身穿衣褲，全部濕透，加以酷凍，身如貼冰，渾身發抖，牙齒互撞不已。」

葉倫明回憶沉浮海上，自己熬不住風寒，幾乎快要鬆手，「一抬頭，一位白衣服的人在我頭上向我吐口水，我就醒了。想再看看他，他已經到前面去了，我覺得這是觀世音菩薩顯靈了！他救了我。」直到現在，他還是虔誠的佛教徒。他相信在這樣的災難裡，他能活著，是菩薩保佑。

直到第二天太陽升起，才有一艘外國軍艦將他們一一救起，讓大家在火爐邊取暖，給他們食物、熱飲，把他們衣物烘乾，再駛往上海安頓。

游泳、長跑，從小健身

一九二一年出生在日本的葉倫明，祖母是日本人；五歲時，父親帶著他們一家回到福州老家，從事製衣業，漸漸把日語忘了。父親忙著在外面作生意，他七歲到上海唸小學，當時長得個頭小，為了不讓人說是東亞病夫，就鍛鍊自己踢足球、游泳、跑步，小學求學期間，一直都是班上跑得最快的人；二次大戰期間，也一直不敢透露自己有日本血統。

二次大戰結束後，全家從福州到上海定居，住在鴨綠江路上。二十四歲，奉父命娶了福州同鄉女子為妻，不久就帶著妻子到台灣打天下。他姪女曾經說，當年葉倫明的兄弟，也一起帶著家人妻小，陸續移居到台灣；他姪女葉少菁就是在苗栗三義長大，家中長輩從事製茶工作。

早年迪化街附近，是福州人聚集的大本營，從事茶葉、藥材、金飾、鐘錶等買賣，所以戰後有大量福州人來台灣找機會，從北到南，分布各種不同的行業，葉倫明也是在那時候往來台灣與上海間。在葉倫明記憶中，當年他最常坐華聯輪、太平輪，華聯輪船艙比較優質，太平輪是整修改裝的商務船，甲板下的船艙位子環境都很差。

被澳洲軍艦救起後，這群生還者各奔東西。葉倫明回到鴨綠江路老家，因為才從船難中死裡逃生，他對船行遠方甚有恐懼，只能試著寫信給台北的妻子，傳達死裡逃生的心情與思念，可是所有信件卻被原封退回。不久兩岸局勢封鎖，他失去了與兄弟、妻子的所有連結。

解放後的上海，葉倫明與父親相依為命，平日他就靠著手工，縫製衣物上街販賣，當個小販餬口；也因為他是低層勞動者，在文革期間，三反五反、思想改造的風潮中，他安然度過，沒有像許多知識份子，在文革時期送進農村勞改。

一九八〇年代大陸改革開放，葉倫明到香港，開始與台灣的兄弟通信往來，才知道妻子早改嫁他人，也有了小孩，而他父親比他更早知道事實，但是半個世紀過去，父親並沒有提及妻子早在太平輪事件次年就改嫁的事情。這段過往也成為葉倫明最不願提起的記憶。

幾次試著請他談他的妻子與婚姻，他都低頭不語，後來他乾脆否認結過婚。

據他家人說，前些年他的原配再嫁丈夫已過世，晚輩希望撮合他們再續前緣，他說：「不要了，她沒等我，一個人習慣了。」

香港長跑代言人

在香港定居後，葉倫明住在柴灣的國宅，狹小空間裡，擺著一台老縫紉機；二十多年來，他婉謝社工員照顧，堅持獨立生活。「我在海難中都沒死，你們去照顧別人吧！」自從太平輪事件後，六十年來，葉倫明從來沒有看過醫生，即使有小感冒，多喝水第二天就沒事了。平日自己打點吃食，很少外食，一天三餐，多吃蔬菜水果，不吃油炸物，不菸不酒，晚上看看電視打發時間。

在香港，他一直都靠自己雙手縫被單、蚊帳、枕頭套、窗簾、床單等販售，有時他還會賣幾張手繪的油畫給觀光客。在香港二〇〇二年《南華早報》報導中，就有記者形容過他的居家生活：「陳設簡單，牆壁、桌上擺滿了上百份榮譽狀，全是他參加馬拉松賽得勝的大小獎，牆上還有一張他與當年香港特首董建華的合影，床上零落散疊一些賣不出去的蚊帳。」

八〇年代，他到香港後不久，在路上看見馬拉松活動，決定恢復年輕時候長跑的習慣。這二十幾年他最常練習的路線是：從柴灣坐車往石澳漁村，在山路間慢跑訓練耐力，平時他六點起床，就沿著石澳的青翠山路上坡、下坡。

二○○九年的春天，我也沿著他長跑的路線走了一圈。初春時節，山上的花都開了，粉紅粉紫的洋紫荊在霧氣間怒放，穿過一山又一山，終點是一片海水浴場，夏天他會再去海泳，吃完早點再回家。在山上慢跑運動的年輕人都稱他葉老，香港一些年輕長跑者的部落格上，還不時見到關於葉老的報導。

二十多年的慢跑，為他打開了一扇通往世界的窗，多年來，他已經跑遍世界，遠征過美國、日本、南非、中國；一九九三年還參加過二十九小時連續長跑的馬拉松賽，得過冠軍；一九九七年他遠征南非，參加奧運元老馬拉松比賽，也是冠軍。

76歲葉伯

50歲開始奔向

用老而彌堅來形容葉伯實在不足夠，並非誇張，訪問這天，我跟攝影師一邊跑上山一邊跟葉伯做訪問，平時少做運動的我倆，不停喊着葉伯跑慢一點，葉伯笑笑說：「好呀！」但不消數十米，葉伯又把我倆拋離了。

終於跑到山腰，夾硬把葉伯拉停，然後問他：「你每天都這樣跑上山的嗎？」他答：「對！不過每天都會跑到山頂，然後從山頂跑回家。」

「認真不好意思，妨礙你今天的練習。」我說。豈料葉伯道：「沒問題，我今朝已經跑過了。」

原來他每朝六時起床，梳洗後便開始練習跑步，每朝約跑30公里，風雨不改。

「我喜歡跑步，不跑就周身不舒服，至於參加比賽主要給自己練習的目標，所以不論大小的馬拉松、10公里等長跑賽事，我都會參加。」葉伯說。

縱使葉伯出賽本港的賽事從未獲獎（這是理所當然的，以葉伯的年紀跟年青人比賽，大家的體力怎能同日而語？），但憑着堅而強的鬥志和耐力，他每次都能在指定時間跑畢全程，比起

姓名：葉倫明

年齡：76歲

身高：160厘米

體重：59千克

現職：退休人士

葉倫明在香港是年紀最大的馬拉松選手，常拍攝公益廣告。

一九九五年開始，香港的Nike公司長期贊助他球衣和球鞋，「因為他開始參加慢跑時，運動鞋太大，運動衣也沒有。」之後葉倫明跑出了知名度，每年香港慢跑活動，都會請他出馬拍廣告、上電視宣導，甚至以他為夢想家的主角，做為馬拉松或三項鐵人賽的代言

葉倫明沒有子嗣，晚輩對他極尊敬，這是他遠赴日本旅行的留影。

人，多年前還為他設計過長跑公仔。今年（二〇〇九）《Time》雜誌也出現他拍攝的公益形象廣告。

近年來他的身體逐漸退化，不太能慢跑，而改快走；他孤獨的身影，在青翠山巒間，已成為許多香港年輕人的典範。有些年輕人在部落格上寫著：每回看葉老孤獨的背影，就令人崇拜。甚至用「不停步的老馬」來形容他的毅力。

問他還會跑下去嗎？他說：「當然，跑到倒下為止！」

對他來說，伴隨他長征的勇氣，正是他六十年前，那些在太平輪上無緣活下來的伙伴們！他說每次慢跑就是一次活下去的勇氣。六十年前一起在船上的朋友，來不及到達台灣，就被大海吞噬，他幸運地活著，他要努力留住呼吸與生命的感覺。「只要跑步，就覺得肉體、心靈都滿足，也從不感覺孤獨。」

「下回台灣有馬拉松，記得找我去跑唷！」八十八歲的葉倫明眯起眼說。

※資料來源：
《南華早報》，香港，2002.3.18。
《成報》，香港，1998.2.23。
《東方日報》，香港，1999.10.12。

〔葛克〕

海上漂流的衣櫃

船身歪斜，人聲沸騰

冬日的黃浦江頭，看不見陽光，太平輪停靠在黃浦江頭，不斷湧入上船的旅客。要過舊曆年了，所有人大包小包，穿戴了一身家當，趕著要與台灣的親人團聚，念著要離開局勢動亂的上海。

碼頭邊，拉著黃包車的車夫，急急按喇叭送客人上船的司機，一箱箱準備運到台灣的木箱，被吆喝著抬上船；趕著到台北迪化街的南北雜貨，國民黨一〇八箱史料、中央銀行打包的國庫及文卷帳冊二三一箱、業務局帳冊五二五箱，上海各金融機構、銀行、錢莊的保險公冊、信用狀、報表，所有工商企業生產和經營往來資料共一三一七箱[1]都陸續送上了船。

一噸噸要送往台灣用來建設工程的鋼筋也不斷運上船，擠滿了六百噸，船逐漸傾斜了。「我看到船身都歪了，我不敢坐，就把船票賣了。」當年沒上船的青春少女，因此逃過一劫；同年到了台灣，成為台大外文系第一屆的畢業生，在採訪過程中，我們稱她施奶奶。

但是並非每個人都像她那麼幸運，逃過一劫。原本下午要開的船，貨多、人多（許多人沒有票也擠上船），直到晚上才匆匆離開了黃浦江碼頭。夜深了，船離開黃浦江一路航向台灣，時局緊張，施行宵禁，原則上海面不准行船，但快過舊曆年了，海面上仍然盡是忙碌的船舶，沒有掛燈，沒有鳴笛，只聽到船上的馬達聲，達、達、達……此起彼落。

這天晚上，沒有霧，滿天星斗，船上的旅客大多沉睡。

無盡漆黑的海面，劇烈的「砰！」一聲，太平輪與載煤的建元輪，呈丁字型碰撞，撞醒了沉睡的旅客！救生圈不夠，超重的船身，逐漸傾斜。工作人員試著往舟山群島靠近，想要找片沙灘擱淺，但超重的太平輪，拖著二千多噸的人員、貨物，逐漸下沉……漆黑中，旅客哭喊、喧嚷著。就在浙東海面，船漸漸沒頂。

你怎麼活著？

「你怎麼活著？」袁家姑回憶第一次巧遇在船難中被救活的葛克，眼神渙散，只剩下空洞的軀殼。

葛克，在太平輪獲救名單中排名第三十四，當年是國防部參謀少校，為了要在農曆年前將妻子家小帶到台灣，買了船票。原以為全家上船，張開眼，就可以踏上四季如春的寶島，沒想

葛克是太平輪三十六名生還者之一。

到卻是踏上了悲劇航程。

船難發生，每個人驚慌失措，爭相逃命；救生圈不夠，葛克帶著妻小往海裡跳。船沉沒，船艙的木板、衣櫃、箱子四處飄落。會游泳的人抓著板子就在海上飄浮，不會游泳的、力氣小的，沒多久就再也見不著人影。冷冽的海浪滾動著冰冷潮水，一波又一波，小孩、大人、哭泣、尖叫，淒厲地劃過深夜。

入冬的海水，越來越冰，許多人熬不住冰冷，逐漸失去體溫而鬆手、沉沒。葛克在黑夜中看不見妻子，也看不見孩子，他焦急地四處尋找，順手拉起穿軍服的陌生人，兩個人搭著一張破落甲板，在黑夜中對望。

黎明，清晨霧中，他們被路過的澳洲軍艦救起，獲救的人被安置在鍋爐邊，烘乾身體，一人一條毛毯，沒有人說話。經過浩劫，他們被送到醫院，在醫院裡，袁家姑遇到葛克：「你怎麼沒死！」

當年的袁家姑剛從北平輔仁大學畢業，到台灣旅行，對台灣印象極佳。過年了，回大陸的老家準備吃團圓飯，聽到太平輪出事，因為兄長袁家藝[2]也在船上，她著急地趕回上海，到醫院探望生還者，希望問出有關兄長的線索，也為受難者家屬提供協助，第一眼就望見葛克。

二〇〇五年一月，在上海檔案館，調出一九四九年二月二十二日，葛克以證人身分敘述的證詞：

> 我偕妻與子女購妥船票於二十六日上船，原定二十七日下午二時啟錠，不知何故竟遲至四時二十分才啟錠離滬，行約八小時後（事後始知浙江海面白節山附近）于矇睡中船耳砰然震動，初以為擱淺，繼乃得悉與另一輪船碰撞（後知為建元輪），建元被撞後立即下沉，太平輪尚以為本身無恙，茶房對船員及茶役等，亦告知旅客安心，繼續行駛，那時下艙已有浸水進入時，余乃挽內子及三小兒隨眾客擠登甲板，本欲攀登救生艇，奈人已擠滿，無法插入，是時余抱長子及次女，余妻抱幼子於懷中並挽余之右臂，立于煙筒左側，緊緊擁抱，精神早已慌張失措，一切只有付諸天命。
>
> 船首右部已漸下沉，轉瞬間砰然一聲，忽感一身冷氣，知已隨旋浪墜下海中，妻兒業已失散，余連喝水數口，乃努力向上掙扎，漂浮水面，獲一木箱，乃向燈塔方向划行，奈適退潮之際，是時有風浪，不能隨心所欲，木箱亦因進水又欲下沉，余乃另尋他物，回顧適有一大

木板，離身不遠，遂乃棄箱就板，後又續上二人，三人端坐板上，下半身浸于海中，乃開始飄流茫茫大海上，作生死之掙扎，落水時之恐怖，已使精神受極大打擊，而天氣寒冷，全身又濕透……

東方漸白，遂見一巨輪向我方駛來，乃勉力嘶喊求救……。

船難發生後不久，葛克參與了受難者家屬善後委員會，來回兩地，出庭作證寫下了證詞，向中聯公司索賠。「我覺得船公司不守時間，是最大的錯誤，船上管理不得當，救生艇不能利用救生，反而與船同時下沉，載重逾量，全船無一空地，非貨即人，因此加速下沉，這次許多人死于非命，中聯公司當不能脫卸責任。」直到同年四月底，他仍來往兩地出庭應訊。

但是隨著國共時局吃緊，將近千人的生死，也就隨著政治局勢，草草結束，最後太平輪船東中聯公司也抵押兩艘輪船、賠償受難者，但是金額卻不盡如意，該公司也以破產收場。

太平輪船難後四天，歷經三個月的國共平津戰役結束，北平淪陷。四月二十三日共軍強渡長江。五月二十日，陳誠宣布台灣地區戒嚴。十月一日，共產黨正式取得政權，建立國號。十二月十日，蔣介石到了台北。

太平輪的慘案正式無疾而終，所有來往證詞、文件多半留在上海。台灣省議會檔案室存有台灣訟訴文件與賠償記錄。

回到台灣，葛克繼續在軍中服職，袁家姞在建中教英文，次年他們結婚，生下兩名子女，女兒是著名的演員葛蕾。朋友說他們是因為海上漂流的衣櫃結緣。

「小時候每個週末，有位穿軍服的伯伯，都會到我們家喝茶，他與我父親，很少說話，兩個人坐在客廳一整天，喝茶、看報，長大了我才知道他們都是太平輪上被救起的生死之交。」葛克大兒子葛擎浩，從小到大，父親與他談過千百次的船難、求生，腦海中深深印記著父親逃生的傳奇。然而最讓他印象深刻是：兩位經過生命風浪的男人，在客廳坐了二十年卻從來不說話的畫面。

葛克與妻子袁家姞的結婚照。

「我比較少印象，他都告訴大哥了。」葛蕾說。

兩位生還者默默的午後

多年後，尋找太平輪紀錄片小組的製作人洪慧真與李介媚，因為袁家姞介紹，看見了那位早年常常坐在葛家客廳一下午的伯伯——陳金星。擔任軍職的陳金星與葛克，在太平輪船難中都是幸運的生還者，也同樣在那場船難中失去了妻子與兒女；回到台灣，兩人恰巧都住附近，每到週末，這二位生死與共的朋友，總是默默地對望，直到天色已暗。

陳金星在台灣擔任軍職，妻子過世後，娶了小姨子為終生伴侶，每到妻子祭日，他總會在香案前，為喪生大海的原配，燒上幾件新衣服新褲子，讓愛漂亮的她年年有新衣。據說當年陳金星曾在船上答應妻子，到了台灣，過新年要為她添買新衣，好過新生活。不過沉靜的陳金星並不願意陳述太多當年往事，去年他離開人世，他的家屬絕口不提前塵往事。這二位生死共患難的朋友，也帶著上個世紀的船難，走入歷史。

1《輪機月刊》〈航業動態〉，1949。
2《台灣新生報》登載袁家姞到中聯公司查看名單，但是名單沒有寄來，所以只能希望哥哥沒有來。1949.1.31。

失落的公主

〔黃似蘭〕

她說六十年了，永遠不會忘記頓失依靠的童年，青春歲月一夜中，無緣無故地變成了孤兒，她在一封信裡這樣說：

「我只知道我那時候起，無窮無盡的苦難在等待著我。

「五十多年了，儘管親情在那動盪紛飛的年代掠過，一切來去匆匆，以致追憶朦朧，但留在心靈的傷痛仍舊不曾抹去；我至今仍記得那時，上海戰事吃緊，我母親要託人把我送去台北，離開上海登上太平輪往台北的那一刻，她含著淚再三叮嚀著：『囡囡！冷噢！絨線褲子弗好脫！』『囡囡！刨冰喫弗得，喫了肚皮要痛格！』我更清楚地記得就在一九四九年的小年夜，因為知道父母親要來，我歡天喜地地等待著，盼望著一家人可以擁在一起，吃上一頓團圓飯……

「豈料接船的人回來的第一句話，把我的夢全敲碎了！屋外在下著雨，悲慟把空氣凝住，待呼天搶地地哭過後，大人們考慮到我父母留在上海的遺產，由於我才有繼承權，大人們哄著騙著把我從台北弄回了大陸。我回去遺產沒拿到（被我母親託付的人吞掉了），人又出不來，就

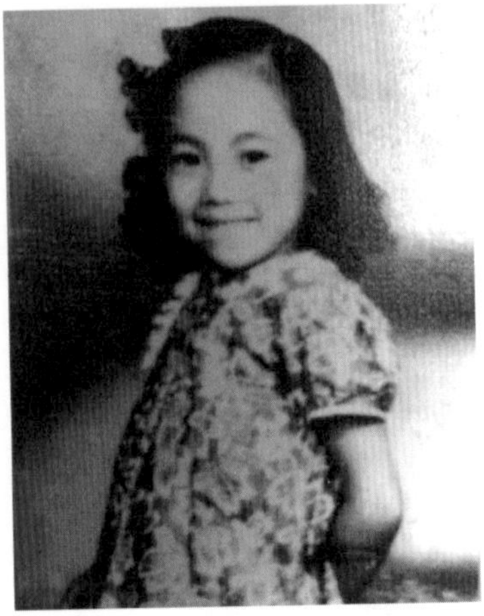

在上海時，有著父母完整的愛，黃似蘭的童年就像是小公主一樣。

這樣我開始了一個雙親缺席的童年！我在一個扭曲了人性、一個極度貧困的破敗中煎熬著。

「我被人歧視、被人遺忘、被人輕薄、被人打罵、被人把頭按在地上磕碰、被人忽然地從夢中掀起被子打翻在地上拳腳相向……我在人生的道路上奔跑著，大聲吶喊著，我捶肝裂肺地哭，我在孤寂中想念我的親人，思念我的父親、我的母親……如果我的母親還在，她一定會在我跌倒的時候把我扶起來；如果我的母親還在，她一定會在人生的道路上陪伴著我一步一個腳印走過來……我搥胸頓足哭喊著問蒼天，別的孩子此刻都作著豆芽夢，倒在母親的懷裡盡享人間的愛，人皆有父母、為何我獨無？」

最後的叮嚀

「天冷，褲子弗要脫！」在上海外灘，冬日寒風刺骨，母親抱著她，笑瞇瞇地親了親。

黃似蘭永遠不會忘記，那是最後一次見到母親。一九四八年底，家中的親戚帶著她，先到台灣等母親來與她團聚；待她如小公主的母親，為她準備了好多漂亮的衣褲，毛衣、鞋子，讓她跟著到台灣。可是這一別，卻再也見不到母親，從此她的人生更是從天堂掉到地獄。

剛到台灣，黃似蘭與阿姨、姨丈住在信義路一帶，唸東門國小，開心地等著母親陸淑影從上海來團聚；她記憶中的母親，漂亮能幹，當時是東南貿易社社長，也是上海的議員，在上海馬當路，還有自己的百貨洋行。即使很忙，女兒睡覺前，她一定會彈著鋼琴陪她入眠。黃似蘭記得，身上的毛衣都是母親親手織的。白天她常打扮成小公主，美麗的蓬蓬裙、捲捲的長髮、甜美的笑容裡，都是母親的愛心！在母親工作的場域，大家都搶著抱她，給她糖吃。

記得太平輪出事的那天，姨丈到基隆等船；下午回來後，期待中的母親並沒有出現，姨丈只說：「妳媽媽的船，被風浪飄到菲律賓了。」她沒說話，空氣似乎結了冰霜。不久她被帶到一間廟裡，去尋找母親與繼父的牌位。「好多層牌位，我們一層一層地找。」

失去母親，黃似蘭的生活，立刻從公主成了苦命女：白天唸小學，下課回家，還要幫忙阿姨照顧初生的表妹、洗尿片、做家事，睡在客廳走廊。性格暴烈的姨丈常常出手打罵，上學時常常帶著青一塊、紫一塊的傷痕去上學；一回天冷了，姨丈把她打出門外，要她在院子裡罰跪，整個晚上她只聽到樹影沙沙，被風吹彎了腰的樹影，映在紙窗前，左晃右晃，刷出了巨大陰影。在日式房舍外跪到十二點，阿姨才開門讓她進家門，她已經全身僵冷。

黃似蘭與醫生丈夫在文革時的結婚照。

從天堂到地獄

一回正在用餐，姨丈無來由一巴掌打來，讓她口中的飯噴了一地，「把飯吞回去！」她望著地上的飯粒，淚水在眼眶打轉。如果阿姨嫌她尿布沒洗乾淨，一巴掌塞在她嘴裡，這都是家中常有的事。

那時她只有七、八歲，「我真不知道自己怎麼過來，好想媽媽唷！」六十年過去，童年喪母的辛酸，並沒有隨著時間淡出，想到童年記憶，她仍是止不住的淚。

父親黃炎帶著哥哥黃心坦，也另組家庭住在南部，一個月來台北看她一次。「但是爸爸怎麼也不會帶我出去玩，家裡我也不敢說什麼。」回想起當年，如果父親細心察覺，或許就改變了她的命運。

一九五〇年，為了爭奪黃似蘭母親的遺產，親人決定要她回大陸，「爸爸來，不准跟他回家，要說想回外公家唷！」在她要回大陸前，父親來見她，阿姨還交代黃似蘭說是自願回大陸的，「爸爸有問我，要不要和他住在台灣？我膽子小，不敢說出實情。」

不久後，她帶著外公、外婆的照片，讓空中小姐帶上飛機，告別了台北，也開始了她不可預知的未來，那年她才只有八歲。

在香港，外公到機場接她，住了幾個月，回到了外公、外婆廣州的老家。「外公很老、很老了，外婆纏著小腳，家裡還有阿姨、舅舅們一家全擠在一起。」過去唯一經濟支柱的陸淑影去世，日子過得更拮据！國民政府遷都台北，共產黨正式立國，兩岸邁入敵對狀態。大陸說新中國開始，台灣說大陸淪陷了。

黃似蘭並不受到外公外婆歡迎。生活困頓、家中食指浩繁，年邁的外公和纏著小腳的外婆，已經老到沒有能力，給這個失去母愛的外孫女，任何一絲溫暖！黃似蘭期待的家庭溫馨落空。

唱三民主義到東方紅

阿姨帶著她去插班，考小學二年級，望著黑板題目，她一題也不會！第一題：中華人民共和國領導是誰？在窗外的阿姨指指牆上那個灰撲撲、戴了頂帽子的人，「我在台北唸書時，教室黑板上面掛著蔣介石，可是現在這個是誰，我不知道耶！」阿姨在外面與她比手劃腳，教她寫上毛澤東，「可是我除了毛，其他字都不會寫呀。」

第二題：國家是□□當家做主，填空題，答案是「人民」當家做主。想當然，她落榜了，第二年才唸上小學二年級。

短暫的台北記憶，留在她腦中的是「三民主義、吾黨所宗」，還有簡單的日常生活台語，是東門國小學來的，她說那段短暫上學的日子，是少有的快樂。

解放後的中國大陸，生活並不容易。舅舅在廣東山區的火車站謀得一個站務員工作，一個月薪水二十九元人民幣，就帶著她與外公外婆一起遷居上任。舅舅在山區的小火車站賣票、看鐵路信號燈，她則負責到江邊挑水煮飯、到小山崗撿柴。江邊有沙坑，幾次她去提水，陷入沙坑，差點上不了岸！小小身影，還得天天到江邊挑水。有一回去挑水時跌了一跤，水桶四分五裂。她坐在地上哭，一位大哥哥走過：「別哭！別哭！我幫妳修。」這位大哥哥巧手紮好木桶，已經很晚了。挑好水走過小山崗回到家，外公外婆以為她去玩耍，狠狠罵了她一頓。

外婆晚年得子宮癌，黃似蘭就擔負起小護士的工作，服侍她換衣、淨身，外婆一身血，只有她細心照顧。外婆過世後，留下的舊衣服全部給她穿，那時候從台灣帶來的鞋也穿不下了，她只好打赤腳上學。

唸小學時，同學們都不與她往來，只因為她父兄都在台灣；在學校，同學會罵她是台灣來的特務，在她面前大喊「反右派」！或是走過她身邊就高喊「打倒小資產階級意識」！從台北到廣東，她形容自己是活在悲慘世界裡，「從小到大，我都是活在雙親缺席的童年。」

中學畢業，她選擇唸醫學院，希望能救死扶傷，其實也與母親在太平輪的辭世有關。「我常想死是什麼滋味？停止呼吸的剎那，她在想什麼？我一手捏住鼻子一面想。」黃似蘭說，她常想像母親死去的那一刻，「也許她是龍女吧！海龍王找她回家了。」這樣自己安慰些。

醫學院畢業，她分配到廣東佛山醫院工作。二十四歲遇見了同是醫生的丈夫，早早結了婚，逃離了外公家。文革期間，他們夫妻分隔二地，一年才見一次，一個月薪資是三十六元

黃似蘭婚後初為人母的喜悅。

人民幣。當時是紅衛兵排山倒海的年代，大家都要交代思想，學習毛主席精神，清晨五點在醫院上軍訓課，白天站在桌上被批鬥，晚上手抄毛語錄，每天門診應付九百到一千人次的病患。

叛國投敵，大批鬥

一天她去上班，醫院斗大的大字報從四樓掛到一樓，用黑色毛筆寫著「黃似蘭叛國投敵」，看得她心驚肉跳；由於她成分不好，爸爸哥哥都在台灣，有海外關係都被貼上「反動派」，她成了思想改造的頭號公敵，站在廣場、大院裡交代思想，或是穿著裙子，被罰匍伏前進。年幼的兒子放在托兒所，天天哭著找媽媽，長長的哭聲，劃破了醫院的長廊。「那是個將鬥爭進行到底的年代！」

那些年她最怕的是搞運動、被批鬥。白天有那麼多病人，從四面八方湧入，有些大老遠坐火車來，半夜三四點就守在門口等掛號，她與另一位同事得負責為七百位病患打針，還要交代思想，「將心比心哪！」知識份子改革的聲浪中，她與醫院同事得下田、拔草、勞動，向偉大的農民學習。「每天休息不夠，也不知怎麼過來的！」

一九七六年革命結束，一九七九年改革開放的腳步近了。因為她有海外關係，父兄在台

文革期間，黃似蘭（右前一）與親近的女性好友。
（翻拍自廣東佛山印象攝影集）

灣，她可以申請離開中國。第一步踩到澳門的土地，她深深地吸了口氣——自由的空氣。深深地、深深地，身邊人車雜沓，陽光在微笑。

全家團聚，自由芬芳

剛到澳門，二件衣服，三十元港紙，她在澳門重新開始。為了討生活，到漁夫家替人洗衣服、做三餐。澳門漁家的浴室很小，也沒有窗戶。天熱，她把衣服脫了，光著身子洗衣服，等衣服洗好、汗擦乾，再穿上自己的衣服走出去，就為了讓先生與兒子也能早些呼吸到自由的芬芳。

兒子與先生不久後也一起到了澳門，他們重新拿到醫生執照，在澳門正式執業。一九八六年，全家一起回到台灣看望父親與大哥，三十多年不見，父親早已年邁，看到她就塞給她一大筆錢，她說：「我不要，我已經有經濟力了。」「小時候對父親有著怨恨，恨他不細心，沒有發現我的悲慘，沒有帶我出門玩耍……可是看到他老了，我就不恨他了。」

大哥黃心坦回憶：「小時候我跟著父親住南部，對妹妹沒有太深的印象。可是一天，我發現他們互相有往來通信，才曉得妹妹到了自由地區，我也讓太太去澳門看過他們，她很辛苦，也很能幹，這麼難耐的歲月都走過來了，不容易哪！」

父親在九〇年代過世，整理父親遺物時，黃心坦找到母親給父親寫的家書，一張母親陸淑影年輕時，參加十萬青年十萬軍的照片，是兄妹倆唯一擁有母親的回憶了。

黃心坦說父母親很早離婚，他對母親的記憶不及妹妹深厚；在上海唸書時，母親會到學校看他，連到台灣都是自己搭中興輪來，父親再把他接到高雄，而有了與妹妹迥然不同的人生。

黃似蘭母親陸淑影參加青年軍的英姿。

深深地一鞠躬

黃似蘭一家在澳門住了將近三十年，兒子承襲了他們的工作，是位傑出的醫生，媳婦是位營養師。九〇年代中期，她與先生還到紐約開中藥行，前些年才又回到澳門。回首這一生，她覺得自己是在天地上轉了一圈，問她怎麼看前半生的悲苦？「我就是要活著出人頭地。」抬起頭，她說：「我

黃似蘭在澳門成立了文化協會，經常有表演的機會，彌補了年輕時候沒有進入演藝圈的遺憾。

不過是活出了每天的自信。」

前幾年，她走在路上，看見一家婚紗店拍賣禮服，一件五十元，她站著看傻了，「風華正茂的歲月碰上文革，從來不知道美麗是什麼！」她一口氣買了三十件，還特別訂做了衣櫥擺放這些小禮服；坐在床沿，她看著成排的禮服，「什麼時候穿呢？」年輕時喜歡唱歌跳舞的她，小學五年級在少年宮，還曾在周恩來的面前表演；中學畢業也想著當演員，可是家人不肯；當護士時，參加過護士組成的歌舞團，慰問過傷兵。她覺得在自由空氣裡，她要補償生命中的空白，幾個月後，她成立了澳門文化協會，經常上台表演，她說這樣才可以有機會穿禮服。

這幾年她舉辦老歌欣賞，粉墨登場唱粵劇，唱周璇、白光的歌，「那都是媽媽喜歡哼的歌。」她頭一低。從小期待的綺麗世界實現了，喜歡唱唱跳跳的黃似蘭，在舞台上拾回快樂。她還到老人院從事公益活動，遠征大陸各省表演，舞台上的她光艷照人，「傷心，拐個彎就忘了！」

太平輪事件六十年了，黃似蘭最大的心願是能到基隆，在太平輪紀念碑前深深地一鞠躬。「我想知道他（她）們是怎樣在慘烈的震驚中走過來？我希望到基隆港紀念碑看看，去拜祭亡魂。」

一個遲了六十年的追念，她一直放在心裡。

一度黃似蘭提筆寫下自己悲慘的前半生，兒子卻說：不要再寫了，會把眼哭瞎了！

※後記：黃似蘭前些年開始寫自己的故事，可是每每寫一些回憶，就哭得無法持續，兒子不讓她再寫，「會把眼睛哭瞎呀！」

二〇〇九年她到基隆太平輪記念碑，帶著母親最愛吃的花生、巧克力。海祭時，她折了一千零四十隻紙鶴，悼念亡魂，也自己寫了一篇祭文追念母親。

〔王淑良〕

沒有船票，沒有名字

買下一張退票

看完太平輪的紀錄片，嚴媽媽——王淑良找到我們，希望與大家聊聊往事。

夏日，在她基隆小樓裡，她說著塵封多年的往事。來自溫洲的王淑良，有位經商成功的大哥王國富，平日往來溫州、杭州、上海等地，與她的先生一起在基隆開設貿易商行，大家年輕，也都覺得台灣是未來的天堂。

二次大戰結束，百業待興的台灣，是許多人的探險樂園。這群年輕人在大陸與台灣往來，賣些床單、紡織品、球鞋等，整箱整箱的批貨。

王淑良也經常來往兩岸，與家人、丈夫坐過中興輪、太平輪。她對太平輪沒有太多回憶，倒是中興輪上有游泳池、餐廳，讓她印象深刻。

「我哥哥才訂婚，未婚妻父親是溫州首富，從事大宗買賣；那年訂婚後，原想第二年要結婚，哥哥也多存些錢，好娶妻成家，卻因為丈人因病到台灣治療，囑咐哥哥接下兩岸生意，到上海辦貨。上海貨辦完，他想趕快到台灣趕著過年收帳，據說在碼頭問，沒票了！」

哥哥王國富不死心，仍在碼頭徘徊，恰巧有人要退票，立即接手買了最後一張船票，輪船的購票名單上來不及寫上他的名字。

「他就這樣枉死了！」王淑良至今仍有許多不捨。

船難發生，她與父母都在溫州，消息並不確定，只知道太平輪沉了，哥哥在船上。在基隆碼頭等消息的丈夫說，碼頭的名單沒有王國富。大家都抱了希望，哥哥丈人再託朋友到上海尋人，「不在上海！」「沒有回家！」大家心都涼了，經營小船往來貿易的親戚，帶著台灣的香蕉回去說：「聽說有長得像王國富的人搭上了太平輪。」王淑良的母親寧可相信，這個失蹤的兒子是被人救起來了，只是還沒回家。

局勢漸漸不穩，一九四九年五月，中華民國政府正式遷台，十月一日，中華人民共和國在北京建國。

當時她帶著大兒子仍在溫州，看著解放軍進城、沒收國民黨資產、發放土地、工農兵家大翻身，城裡四處飄揚著五星旗。

她在溫州公務單位工作，看著公家單位重整、制度改變，她想不能一直待在溫州，小孩不能沒有父親，決定抱了孩子到基隆，與丈夫會合。

抱著孩子，坐上機動船

一九五〇年一月五日，美國總統杜魯門對台發表三點聲明明示：美國不會干預中國內戰，也不使用武裝力量，在中國局勢中不予國民政府軍事援助與勸告，但美國給予國民政府有限的經濟支援。一月六日，英國正式承認中共。

同年二月，美國正式承認國民政府為中國的政府；三月，蔣介石正式在台北復出。春暖花開的時候，也是台灣海峽風平浪靜、海象絕佳的季節；下完春雨，中共為了消滅蔣家政權，在福建沿海集結了數十萬大軍，並在沿海徵調民間船隻一萬艘，準備大舉進攻台灣，全面解放台灣。[1]

王淑良回憶，當時溫州街上四處都是解放軍，兩岸已經沒有正式往來船行，解放軍在各地沒收原來國民黨海內外資產，建立國有企業制度。如果要到台灣，大部分人會轉往香港再轉進台灣，這是最保險安全的方式。兩岸通信逐漸困難，丈夫仍隻身留在基隆開店做買賣，託人帶口信給她，暫時別到台灣，「路上太危險了！」日子越久，王淑良心裡著急，她知道再不離開溫州，她一輩子就會與丈夫相隔兩地，「孩子也不能沒有父親！」

她決定要帶著孩子到台灣，把結婚時的首飾、戒指、值錢細軟縫在衣服邊上，一針一線釘好，套上層層衣服，把兒子穿得胖嘟嘟。臨走那天，她一如往常到工作單位上班；晚上妹妹送她到港邊，帶著母親親手做的點心。她記得那時候是春天，大家都在船上等著風向；路上樹幹冒出新芽，花葉也開滿了院子，她告別了多雨的溫州。

王淑良沒有從香港轉進台灣，她選擇了一條古舊的老路。自宋朝起，溫州就是對外通商的碼頭，古人有詩句形容「一片繁榮海上頭，從來喚作小杭州」。長久以來，來往台灣的船行，一直進行著正式與非正式的交通貿易，溫州還有小型機動船帆到台灣基隆港，往來兩岸，成為傳遞家書、小型貿易的要角，運送農產品、貿易商品等。

趁著春天風勢小、沒有雨的晚上，十幾個人一艘船，總共三艘船，一起從溫州出發。一路上只有她抱著孩子，這是一個賭注，誰都不知道能不能順利到達台灣，她告訴幼小的兒子：「不許哭。」「哭了見不到爸爸！」

春天雖是最風平浪靜的時候，但機動船小，行過黑水溝，風浪仍大，船艙搖晃得很厲害。一路上，乘船的人躲在船艙，誰都不敢大聲呼吸，不敢大聲說話，只能從甲板細縫偷偷往外望……是陽光灑滿的白晝？還是月亮升起的黑夜？第一艘船半路上遇見海盜，全被洗劫一空；第二艘船還沒到岸，在半路遇上了暗礁擱淺，不能動彈；只有他們母子這艘船，靠著簡單的機動風帆，飄到了基隆碼頭。船一靠岸，王淑良驚呼：「台灣終於到了！」十幾個乘客站在基隆土地，深深地呼吸像似江南的空氣，笑了。

丈夫看到他們母子平安，也大呼「上天保佑」！

在台灣住了近六十年，王淑良陸續又生了三個兒子。初到基隆，跟著丈夫學做生意，學說台語，在家裡開小型的製鞋廠。一度她家的鞋行，還是基隆最富盛名的鞋行！而後王淑良一直住在義二路的舊樓裡。

遇見生還者打探消息

五〇年代，基隆有許多委託行，他們的鄰居常與來自香港的客人往來，有些是同鄉，一回遇見一位太平輪上的生還者，她向那位同鄉打聽哥哥王國富的下落：

「認不認識王國富呀？」

哥哥無法到達的基隆港，王淑良住了將近六十年。

「認識！」

「有上船嗎？」

「有呀！大家打牌，他還旁邊看呢！沒下場。」

「穿什麼呢？」

「一身全新絲綿長袍，很稱頭！」

「船沉了，看見他嗎？」

「沉下去，就沒見著了。」

沒有墓碑，沒有照片，王淑良到今天都寧可相信：哥哥是飄到了遠方，在別的地方，一時回不了家。

太平輪事件發生不久，哥哥的未婚妻和父親曾經到家裡，與王淑良的父母親長談。後來，未婚妻一家都沒有出來。「有再嫁嗎？」王淑良長長地嘆了一口氣：「我當時年輕，處理得不好，心中難過，更沒有勇氣去看她。」甚至在兩岸開放探親時，王淑良回到老家為父母親修墳，心中一直掛念著往事，卻又提不起勇氣去看那位沒緣分的大嫂。說著往事，王淑良紅了眼眶。

在台灣經濟起飛的年代，王淑良的丈夫與兒子在土城投資過紡織廠，也隨著兒子到美國住過幾年，最後她還是選擇留在初到台灣生活的基隆，白天到社區老人大學學畫畫、學書法，開過多回書畫展，屋裡全是她娟秀的字與美麗多彩的花鳥。丈夫過世多年，家中店面早租給不同行當的業者，走在基隆義二路街上，鄰居說：「啊！嚴媽媽攏沒老！」說著一口流利的台語：「哈！那嘸！」王淑良笑瞇了眼！

她說，住在基隆六十年了，哥哥沒有到達的口岸，她

王淑良畫得一手好國畫，常開畫展，家裡都是她的山水花鳥。

住得最久。在太平輪紀錄片播出後，她與吳漪曼教授，最早提出要為太平輪事件重做紀念碑，「那麼多年過去，我只希望哥哥的名字能在紀念碑上！」

「那是個災難，誰都不想回憶，可是我總希望有個地方紀念他！」望著窗外藍天，她一直留在哥哥來不及到達的彼岸，沒有停止過思念。

1《台灣人民的歷史》，劉建修著，文英堂出版。

未曾謀面的父親

〔張和平、林月華〕

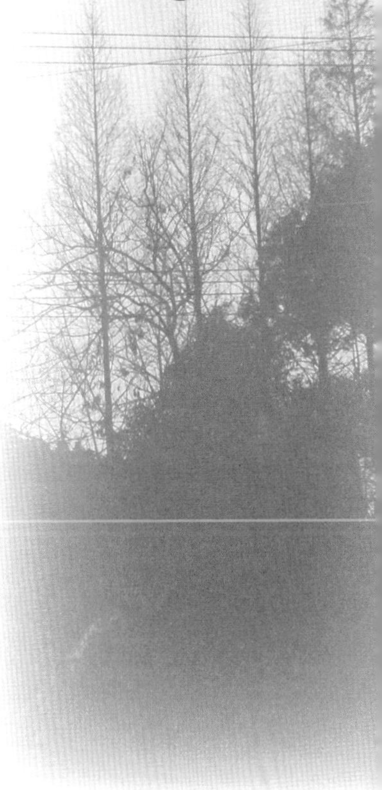

萬泉風雲的家族人物

二十多年前大陸東北一齣連續劇《萬泉風雲》，描述了對日抗戰時期的故事，其中有位英勇軍官張漢及其家族的身影，說的是張和平的父親與家族人物；當年的導演在前幾年遇到張和平，深入了解她們家的故事，近期內決定要拍一部以她父親為主角的連續劇《赤雪》。導演說：「想不到這些故事的後代在台灣！」

六十年前，張和平的父親張漢，隻身坐上一月二十七日的太平輪，準備到台灣與全家團聚，他的母親、姑母、懷孕妻子……二十幾位家人，都在台灣等著他的到來。悲劇發生，「等著他回家吃的餃子都黑了！」家裡還是不能承受他沒有到台灣的事實。幾個月後，張漢的遺腹女——張和平出生。

姑爺董英斌依她父親原意取名和平。「我的名字是長輩取的，意思是不要戰爭，只要和平。」

如果沒有國共內戰，張和平一家不會從東北南移，張和平也不會是位遺腹女！在她的記憶裡，家裡有叔叔、嬸嬸、姑奶奶……一大家子親人，但是父親缺席。而他留下的這個名字別具意義。

小時候沒有長輩提往事，也沒人說到父親，更不知道太平輪事件；直到長大了，初解人事，家人才告訴她關於父親張漢與太平輪這場災難。

張和平說，從小沒有父親，母親在她十歲時離開人世，生命中全是家中長輩帶大她；長輩把她保護得極好，「奶奶有個大相本，不准人碰，想念兒子時，會從高櫃子裡拿下來看看，我才有機會在相本裡，見到未謀面的父親與家族長輩。」「奶奶稱讚父親好聰明、好能幹，很會唸書。」

在日本求學的張漢，少年聰穎，是家族寄予厚望的棟樑。

張和平記憶中，奶奶的大相本裡，都是對父親的思念，有照片、文件。

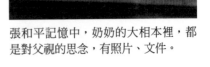

張漢十六歲考上留日考試，到日本留學。唸完早稻田大學經濟系，回到東北老家，沒有從事相關金融工作，反而是投入姑爺董英斌的麾下，在東北保安司令部成為軍人，後來再到東北剿匪總司令部。遼北失守後，家人、女眷一路轉進北平、上海……再到台灣，並在台灣等待張漢到來，全家團聚。

張和平母親與奶奶在東北合影。

張漢家族中數代祖先都是東北企業界名人或商會會長：父親是北平朝陽大學法律系高材生，曾考取法國與德國公費留學考試，可是身為長子，家中不讓他出國進修，擔任過哈爾濱呼蘭法院法官及哈爾濱高院院長。一九三七年七月七日蘆溝橋事件爆發，全面戰爭開始。當年夏日酷暑，日本已集結十五個師隊挺進華北、華中，占據東北，並利用高壓手段對付中國百姓，東北處處瀰漫著「反滿抗日」的情緒；當時日本憲兵隊捉拿了愛國思想的東北平民，張漢的父親不願意對中國人下手，也不願對中國人判刑，日本人就以思想犯的罪名將他關進大牢。三個月後他出獄回家，先是不明原因的生病，繼而在半年後過世。家人推測，當時正值日本發動生化戰爭、細菌戰的前後，張漢的父親也因此成了犧牲者[1]。

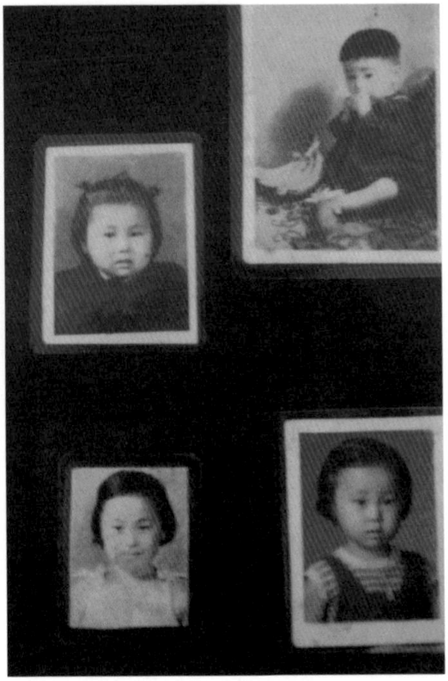

童年中，父親缺席，張和平卻有長輩們無盡的愛。

父親過世，家人不敢讓張漢知道，怕影響他在日本求學。張漢學成回到東北，正是抗日戰爭高峰，他毅然投身軍旅。從長輩們的敘述中，張和平對父親張漢的了解是：一位年輕的、充滿愛國情操的民族主義者。張和平形容：當年張家在東北開銀行、辦學校，開電燈廠、旅館、人蔘店、綢緞莊，家大業大，每年秋天還有施粥濟貧的傳統[2]。不過張漢並沒有承接家族企業，反而投身軍旅，讓家族引以為傲；然而在二十七歲時，卻因為太平輪災難，壯志未酬。

張和平自小跟著家中長輩長大，在長輩們的關愛裡，彌補了從小失去父母的孤獨，「我在愛裡長大，從來沒有感覺到失去父愛、母愛。」張和平記憶中，只有她不能隨心所欲時，才會在心裡問：「母親在哪裡？如果爸爸在多好！」她說：「我很堅強，從不掉眼淚。」

前些年開始，張和平著手整理家族故事，拿出奶奶塵封的相本，搜集姑奶奶張維真寫過的文章、回憶錄……也去了幾回東北，埋首資料堆裡，與歷史學者一起做史料研究；持續了幾年，今年有位歷史教授，為張漢寫了回憶錄，暫時定名為《寫在大海裡的墓誌銘》。

太平輪紀念活動中，她幾乎都不缺席，積極希望有一天能到舟山群島船難的地點，為父親與當年的罹難者做場法會憑弔。

張和平說，六十年過去了，她用這種方式，紀念從未見面的父親，緬懷上一代的精神與年代。

第一次見到父親的名字

在「尋找太平輪」的紀錄片發表會現場，林月華第一次在太平輪旅客名單上，看見父親林培的名字。太平輪事件發生後幾個月，她才出生，就讓鄰居抱走，離開了親生母親；她從來不知道自己的家世，直到二十幾歲成家後，才與生母團聚，第一次知曉太平輪事件。

記憶中沒有父親的身影，也沒有在正式文件上看過父親的名字，林月華從小在養母照顧下，遷居不同的城區。結婚後，丈夫周佑碩了解她的身世，鼓勵她回到舊居尋找生母與家人。林月華從小被台北市籍的養母撫養，生活及飲食習慣都是台灣模式。生母來自福州，之前生了二位姐姐，在太平輪事件後改嫁。生母告訴她：「因為父親林培來往兩岸做生意，住在後龍一帶，一九四八年末，把妻子、女兒在台北安頓好，自己再去上海經商。」

林培沒有來得及抵達台灣，也來不及看到林月華出生，林月華母親在困頓與哀傷中，生下了這位遺腹女。「據說天熱，我一直哭鬧，養母自己沒有小孩，很喜歡我，常來抱抱我、安撫

林月華的丈夫周佑碩，為她解開身世之謎，每年太平輪之友活動，他們一定參加。

我，後來趁著一個晚上連夜搬家，把我帶走了。」

林月華初出社會工作，進了台北市政府擔任公務員，從沒有懷疑過自己的身世；倒是在結婚後，丈夫周佑碩對她的身世很好奇，獨自依著林月華兒時的記憶，到出生地附近的住宅尋訪，幸運地尋著當年的老里長。老里長認識林月華的生母，因著健全的戶政系統，周佑碩找到了生母一家！他第一次去按鈴說明來意時，母親已經改嫁，家中另有二位弟弟；由於他們根本不知道這段陳年往事，來開門的弟弟還一度錯愕。

找到生母後，大著肚子的林月華也與姐姐相認，「第一次見面，我哭好久，一直哭、一直哭……」母親高興異常，很鎮靜。「從小我被帶走，母親傷心了很久，一直惦念著這個女兒，四處尋找。」不久林月華相繼生下二名男孩，小孩也多了姥姥家可走動。她與母親相聚，都是利用下班後，到母親家裡一起包水餃、做麵食；母親後來再嫁一位梁姓伯伯，伯伯把母親一家照顧得極好，也很會做家鄉口味，生活環境頗佳。林月華突然多了一對父母的愛，雙方都很珍惜這份遲來的親情。

林月華（左）張和平（右）因著太平輪事件相識。

在林月華重新與原生家庭相認後，母親才逐次告訴她太平輪事件；對母親而言，這是一段殘忍的回憶：先生英年早逝，遺腹女下落不明，她帶著兩名幼女，替人做洋裁為生。二十多年後，當年的小女嬰已為人母！重享天倫的喜悅，讓母親天天忙著做吃食，彌補空白的親情。「我在那時候才會包餃子、做麵食。」

林月華覺得這是遲來的幸福。只是當時養母尚在，養母、養父對林月華視如己出，她也體諒養母喜愛孩子的苦心，才會偷偷抱走她，「她們對我是愛的表現！」孝順的林月華，為了不讓養母傷心，在養母過世前，都不知道她已與生母團聚。可惜她對父親了解太少，母親後來也不太願意多說，歡樂重聚的喜悅，掩蓋了災難的追悼。

周佑碩平日喜歡研讀歷史，特別是近代史。知道林月華的父親死於太平輪船難，周佑碩開始找了一些書，可惜記載資料極少，轉而研讀國共內戰的記錄，「很多書是他看完，再給我看，他比我認真多了。」

為了蒐集林培與太平輪的背景，這對夫妻認真找資料，卻苦無機會與太平輪事件相關的人事對應；直到紀錄片發表，周佑碩陪著太太一起參加記者會，也與製作小組聯絡，成為太平輪之友的成員。每年太平輪之友聚會與活動，他們一定準時出席。

回首她與生母相認的往事，「很戲劇化吧！」她說。可惜對生父了解太少，母親也不願意多談，她只能默默放在心裡。

兩位遺腹女因著太平輪，一生沒有見過父親，在親情缺席的生命裡，她們並不自怨自艾。一個住在台北城東，一個住在台北城北，每年大家約著一起去基隆碼頭祭拜；在紀念碑前，她們紅著眼，低頭不語，望向灰藍色的天空。

1 張和平祖父當年入獄之處，正是日本軍隊在哈爾濱成立七三一部隊，以生化細菌毒化中國百姓的實驗場，目前已在哈爾濱的當年生化區現址成立紀念館。

2 大陸大家族多有施粥粥會，照顧貧苦家庭。

永遠缺席的年夜飯

〔張昭美、張昭雄〕

巷口等待父親

一九四九年小年夜，十歲的張昭雄與哥哥、姐姐、妹妹們，站在台北市日新國小、太原路巷口，興奮地等待父親張生回家過年。台北的空氣有些冷，灰色的天空，沒有陽光，沒有表情；他們裹在厚衣服裡，冷風吹過，每個人都凍紅著臉，等著父親從上海帶些好吃、好玩的禮物。

張昭雄有一個哥哥、一個姐姐、四個妹妹和兩個弟弟，那年媽媽還挺著肚子，與阿媽在廚房裡忙做菜。天快黑了，去基隆港等船的親戚回來，沒有等到爸爸，說是太平輪出事了，上海船公司發電報告訴家屬，讓大家第二天再去港口等，之後父親再也沒有回家團聚。夏天，媽媽生下了最小的弟弟，「台灣人說是遺腹子吧！」

父親張生生長在八里，從小聰明好學，祖父張志是日本時代的保正（相當現代區長職位）。

張生青年時期，就是來往兩岸成功的台商。

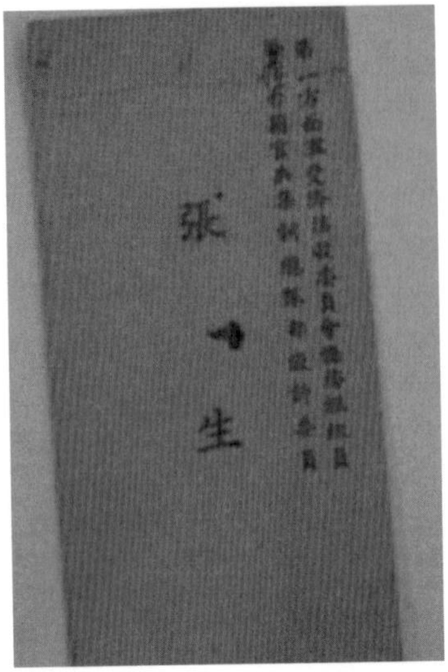

張家唯一保有的父親的名片，他們非常珍惜。

張昭雄記憶中的父親，熱情、大方、膽識過人，年輕時在迪化街發跡，從事中藥進出口、南北貨買賣。張昭雄唸幼稚園時，日軍、美軍天天互相轟炸，居民忙著躲防空洞，生活大受影響，他們張家孩子，卻還可以讓奶媽用人力車推著上學。

二次大戰結束前，張生帶著妻小，全家搬到廣州；一大幢洋房裡，一樓是店面辦公室，二樓是給客人使用的住處、辦公室，三樓以上則是自家住宅，頂樓是間大廚房。熱情好客的父親，經常接待台灣到廣州的日本人及台灣人；到大陸經商，也不忘帶著自家的三名弟弟及妻子的弟弟一起打拚事業。家中吃飯嘴多，「哦！我們家，每個孩子都有一個奶媽呢！」那時是父親生意最興旺的幾年，十分風光，「全家出門要用大車才裝得下，小孩一坐就是一桌。」

家是好大一層樓，媽媽還在廣州生了小妹；家裡平常交雜著台語及廣東話，姐姐張昭美的廣東話最流利。因為父親生意旺達，家裡永遠人來人往；奶媽們把家中八個孩子，都照顧得很好，家裡開飯總是好幾桌，客人、伙計、奶媽、司機、佣人……二次大戰結束，他們一家還留在廣州。張生時任旅粵台灣部副主席，協助過數千名旅粵台胞返回台灣故鄉。

直到國共內戰開打前，張生因為不想留在大陸捲入內戰紛爭，收起廣東的生意，全家才南遷，搬回故鄉台北。張昭美形容那趟歸鄉路，一路住過澳門、九龍、香港……走了好些日子，最後搭船到了高雄，再坐火車回到台北；到了台北，回到太原路老家，行李已掉了一半。張昭美唸蓬萊國小，張昭雄唸太平國小，同學們多講台語，「突然忘了台語怎麼說！」

張生從事的是多角貿易：從台灣到廣州，從廣州到上海，再從上海到台灣。太平輪出事前，他到上海結束分公司業務，準備回家過個豐盛年；原本要買機票，票沒了，省錢買了太平輪的二等艙。「唉！坐飛機就好了，就沒事了。」

張生初到廣州，帶了妻小來張紀念照。

張昭美、張昭雄，隨著家人搬到廣州，快樂地玩腳踏車。

父親過世了很久，大家都還認為他沒死，「被老共捉起來，還是被海盜帶走了。」張昭雄記得小學二年級左右，父親被廣州的匪徒挾持二個月，最後安全回家；張昭美回憶當時，在廣州住家，盜匪從家中將父親押走，還將他眼睛蒙上黑布。大家都嚇死了，以為再也見不到父親，還好最後父親靠周旋保命回家。歷經大難，他們仍相信父親絕對可以脫離險境，「他膽識過人，一定回得來！」生長在海邊、一身好泳技的父親，「怎麼會搏不過大海？」張昭雄說。

太平輪出事的那幾天，只要聽到派出所電話響，大家都很緊張：期待是父親回來了，又害怕是惡耗。過年大家都是穿新衣、全家團聚，只有他們家傳來陣陣哭聲！船難名單確定，父親是永遠不會回來了！

海邊招魂，夢見父親

張昭美與弟妹們一起陪母親到海邊替父親招魂，母親肚子裡還有未出生的弟弟；大家聲聲嘶啞，叫斷了肝腸、哭乾了眼淚，也喚不回父親。「父親說很冷、很冷！沒有衣服穿。」他們替他燒了許多紙錢衣衫……找不到屍骨的父親，最後葬在八里張家祖墳，墳裡放著張生的衣物、日用品。很多年後，他們還夢見父親。

在基隆碼頭豎立太平輪紀念碑時，他們也把替父親招魂時作法事的灰燼，放在紀念碑下，張昭美記得有些家屬也有類似的做法。

太平輪事件發生後，張昭美與母親，都去過台北中聯企業公司開會，她只記得大家總是爭吵：喪失至親，又在年關，很多人頓失依靠，氣氛極差。那回有領到賠償金，但是為數不多，太平輪紀念碑完成後，太平輪事件幾乎被社會遺忘！

父親早年生意興隆，更有許多有頭有臉的合夥人；但是父親一走，張昭美與母親向父親公司合夥人要求看帳本及兌換手上支票，卻遭受冷酷無情的對待。父親生前的財產，他們一毛也沒有，公司股份資產憑空消逝，支票無法兌現。「人在人情在」，張昭美、張昭雄深感人情冷暖。

一家人自立自強

沒有父親的張家，頓失依靠；父親過世後六、七個月，最小的弟弟出生了，母親帶著九個小孩生活，曾經是有奶媽佣人照顧的少爺、千金們，現在全部得學習自立更生。母親在家裡替人車縫衣服，按件計酬；小孩子則得出門賣枝仔冰、釘盒子、做些小手工幫忙家計，他們還在自家擺過尪仔書（租書店），家裡小孩們一起輪流看店，替母親分擔家計。

張昭美是姐姐，「太平輪事件處理過後，我突然醒過來。才十幾歲呀！我是姐姐。」她頓時覺得有責任幫助母親把年幼的弟弟、妹妹帶大。她請人做了二個枝仔冰筒，讓弟弟、妹妹輪流沿街叫賣，貼補家用；她則是放學回來後，立刻幫母親整理線頭，把母親做好的衣衫疊整齊，

父親因太平輪罹難後，全家難得來張大合照，左前方小男孩即是太平輪事件後的遺腹子。

等店家來收，全家都投入改善家計。

張昭美北二女畢業，沒有繼續升學，就投身從事農林廳、省政府的公職之路，以減輕家人負擔，「把機會讓給弟妹。」後來還協助丈夫創業，一生走來都是感恩。張昭雄選擇唸夜間部，在世新唸書時，已經在聯合報半工半讀，一九六九年正式進入報社當記者。喜歡運動的張昭雄，適逢紅葉隊打敗日本，掀起台灣對棒球運動的重視，從此他「報導棒球四十年如一日」[1]，長期關注棒球比賽，也開啟了許多人對棒球的熱愛。擔任過多家報社記者、副總編輯，也是資深的電視電台球評專家，被譽為「第一代職棒球評」，一生都在做自己喜歡的工作，也在棒球報導工作裡擁有一片天地。

張家所有的兄弟姐妹在成長過程裡，沒有讓母親操過心。張昭美說，經過苦難，感到孤獨的冷索，母親仍會在夜裡哭泣，「我們一家人，小孩多，像一大串粽子，提起來一大把，我們那麼多孩子，也不知係好鬥陣，還係歹鬥陣，誰敢來提親！母親三十六歲守寡，一個人撐過來，

張昭雄與母親。

真不簡單呀！」

張昭美的母親還替她帶大過子女，她的長女詹智慧，童年與外婆住在一起，也常聽得外婆提起外公的偉大，「他們都很了不起！」

不過較遺憾的是，太平輪出事後才出生的小弟，在多年前泰國回台灣的飛機上意外過世，留下三個幼小的孩子。他們不敢讓母親知道么兒張文榮已死，只告訴母親，小弟在泰國經商很忙，沒有空回台灣。直到母親過世前，都維持了這個善意的謊言。

母親在九十三歲過世，共有一百零六位孝子孝孫。每名子女都感念母親，在太平輪事件後，在痛苦中把所有孩子帶大、受教育，「她走的時候是在七夕，走得很安詳，我們相信是父親在天上等她。」張昭美與張昭雄相信，來不及返家吃年夜飯的父親，終於可以與母親在天堂相遇。

1 張昭雄的棒球部落格 http://blog.nownews.com/chang0321/

〔常子春〕

悲慟中再起

一九四九年太平輪悲劇，奪走常子春七名子女與妻子、胞弟、徒弟等共十一個家人，以及他全部家產。

五十四歲，常子春一無所有。

靠著信仰及堅強的力量，常子春並未被擊垮，他離開台灣這塊傷心地，到了香港，再創生命的春天。

永寶齋老字號

出生於一八九七年的常子春，曾擔任過第一屆國大代表，一生經歷頗具傳奇性。

在「尋找太平輪」新聞見報後，賈福康熱心提供了常子春的故事及資料，並提供了常子春再婚的妻兒在美國的聯絡方式。二〇〇五年春天，約好到洛杉磯訪談，可惜出發前一天，他的妻子楊煥文取消訪問，理由是子女不願再談，而成為未竟的空白之一。

常子春生長在北京，祖先是「開平王」常遇春。歷史記載，開平王協助明太祖朱元璋建國有功，家裡是虔誠回教家庭。常子春九歲跟隨家中長輩到北京近郊宛平縣清真寺，修讀阿拉伯文，十三歲拜師學習玉雕、琢玉。

傳統中，回教徒個個是經商能手，早在七世紀，就有許多波斯商旅往來沿海，從事珠寶、翠玉等買賣；宋代起，回民就從事珠寶業，明朝還有「回回識寶」的美譽；到了清朝，回民除了在珠寶行業外，還擴大版圖到古玩、字畫、骨董[1]。

常子春從小喜歡玩玉及繪畫；一次大戰後，常子春在北京宣武門外開了「永寶齋」，不久又開了第二家分店。永寶齋是北京城最大、營業額最高的玉器工廠，在當年已是頗具現代化規模的商行。常子春在玉器廠裡用的員工都是回民，每個禮拜五，工廠還休假半天，有專人來講解《可蘭經》、聖訓，及一般漢文私塾課。

永寶齋的玉器精良，加上回人擅長辨別珠寶、骨董、玉器的真假，沒多久，勢力就發展到了上海、南京，也涉足了珠寶店與餐廳。年紀輕輕的常子春在珠寶玉器業縱橫南北，打響了名號，平日則熱心推展回教教育：在北京設立回教女子中學、創辦回教醫院、整頓回教中學、建立回教工藝工廠、投身各種回教福利事業，照顧回民。《上海大公報》在細述船難旅客身分時，還稱常子春為「翡翠鉅子」[2]。

翡翠鉅子，開拓回教教務

一九四七年，中國回教協會決定到台灣開拓回教教務，常子春奉命到台灣籌備事宜，並在台北市重慶南路開設永寶齋台灣分號。為了照顧越來越多的回教教友，常子春與一些教友就在麗水街日本宿舍舊址，創立了台灣第一所清真寺。

常子春在台灣幾年，事業有成，決定將北京老鋪南遷到台灣。一九四九年農曆年前，他請三弟帶著妻子王世廉、七名子女、幾名信任的工作伙伴，及永寶齋上好的骨董、玉器，到台灣開疆闢土。

晴天霹靂

常子春一早就到基隆碼頭等船，當晚還有一些朋友約好一起用餐，歡迎他們全家團聚。當大家興奮地期待準備迎接新生活時，卻聽到惡耗！全部家人、財產皆沉入大海，還有隨行好友趙襄基（外交部駐利比亞代表趙錫麟之父）也在災難中喪生……他真是難以置信！

太平輪船難發生後，二十九日上午，常子春立刻搭飛機到上海，並打電話給上海的朋友說：「太平輪出事旅客，已有百餘人生還，在舟山群島附近獲救，船公司三十日會派船前往接回。」[3]

依據當時剪報分析，事發後，受難者家屬組成自救會，兵分二路：一路在台灣善後，另一路到上海的太平輪船東「中聯企業公司」要求派船搜救，守候現場。在傳言流竄的年代，家屬們都相信，舟山群島還有一百到二百名的生還者[4]；常子春就是第一批回到上海、希望了解真相的家屬代表，之後他們還到舟山群島附近尋訪生還者蹤影，可惜希望全部落空。

據上海地方法院一九四九年四月六日的開庭資料中顯示，事發後，常子春一直守在上海，並與受難者家屬齊杰臣、楊洪釗等，代表太平輪受難者家屬提出告訴。

儘管常子春身心俱疲，還是打起精神，代表受難者家屬與中聯公司交涉。當大多數人仍沉溺在悲痛與絕望中時，常子春默唸《可蘭經》，求真主賜予力量，也相信這是真主的考驗，他決定重新創業，早日再建家園。

四月六日，上海地方法院開庭。
四月九日，共軍大舉渡過長江，攻占南京及中央。
五月二十七日，攻占上海，解放軍進城。
五月二十日，台灣省主席宣布台灣全省實施戒嚴。

常子春回到台灣後，重新開始玉器生意。一九四九年六月十五日，台灣省政府宣布舊台幣四萬元換新台幣一元；尹仲容成立了生產事業管理委員會，大力推動電工、機械、水泥、農業技術合作等戰略生產。在尹仲容政策下，暫時不可設立玉石加工廠，常子春決定離開傷心地，遠赴香港尋求機會，設立香港「聚寶齋」加工廠，並在朋友介紹之下與楊煥文結婚，陸續再生了四名子女，目前都定居美國。

十年後，「聚寶齋」玉器受邀遠赴美國各地參展，再一次開創了常子春的事業高峰；他七十一歲定居美國，在洛杉磯又開設了玉器加工廠。

據賈福康形容，常子春平日節儉自奉，早先在台灣定居時，都是自己打理飲食，身體修長，留著一口長長的山羊鬍子，是「一位標準的老回回」，大家尊稱他為「常二爺」。一九八三年，常子春在美國洛杉磯過世，之前他還常回台灣參加回教活動，捐款興辦回教文化事業。

1見《回族民俗學概論》，作者王正偉，新華出版社。
2《上海大公報》，1949.2.1。
3《台灣新生報》，1949.1.30。
4大公報登載，舟山群島疑有二百多名生還者。1949.2.2。
※資料來源：《台灣回教史》，作者賈福康，伊斯蘭文化服務處出版。

〔吳漪曼〕

我覺得父親從來沒有離去

豐美花園，提早凋零

「我覺得父親從來沒有離去。」六十年前一場船難，讓吳漪曼與母親生活遽變，就像一片盛開豐美的花園，突然讓狂風掃落……飄落大海深處的是摯愛父親，三個人的甜美世界，提早凋零。

一九四八年國共內戰，時局緊張；十月，天氣很冷，吳漪曼的堂兄、堂嫂邀她們到台灣玩，吳漪曼與母親就在上海買了太平輪船票，父親送她們上船後，便回到音樂學院替學生上課。

吳漪曼與母親才到溫暖的台灣落定，徐蚌會戰、平津戰役相繼開打，時局急轉直下，父親擔心戰亂影響音樂學院師生安全，極力向當時教育部長朱家驊建議，將音樂學院遷到台灣。一九四九年一月二十六日，吳伯超預計到台灣準備遷校工作，但是那時已買不到船票，上海的親

吳漪曼與父母親在南京留影。

戚告訴吳伯超：「太平輪就要開了，趕快去碼頭等吧！」他們趕到碼頭，岸邊擠滿了人；紛亂吵雜中，大家高舉雙手揮舞，掙扎著希望登上太平輪。

前回吳伯超因為送女兒上太平輪而結識的船上三副，看見音樂學院院長來了，就把自己的床位禮讓給吳伯超。行前吳伯超給台灣的女兒發了電報說，「要到台灣來了，與妳們一起過年。」

「我只記得當時我們好高興、好高興，好期待父親要回家吃團圓飯。」

一月二十八日清晨，她與堂兄一早就到基隆等船，岸邊等船的人並不多，「原來他們都知道這艘船出事了。」他們也趕到台北中聯企業公司去了解狀況，船公司早已擠了一群心急的家屬，這才曉得太平輪與建元輪互撞，在舟山群島沉沒。

出事後，吳漪曼從來沒有見過生還者，也沒有船難確切的消息，只知道二艘船在半夜對撞，大部分人都在船艙裡睡覺，聽到巨大聲響，有些人出來看，有些人覺得沒事，沒多久甲板進水、船裂開、迅速下沉，大約有三十多人生還，快天亮才讓一艘外國船救起。「所有消息都是聽說，當時局勢太混亂、太混亂！」

在無盡地傷心、無數地等待與煎熬中，吳漪曼與母親的人生歷經最重大的打擊，母親從此皈依佛門，吃素唸經終生。

吳伯超偉大的教育情操、音樂造詣，影響了吳漪曼一生。

戰火中燃燒自己的音樂家

吳伯超在一九〇三年八月二十三日出生於江蘇，曾經學習中樂，後來進入北京大學附設音樂傳習所，一九三一年獲獎學金到比利時深造。回到中國後，擔任上海國立音樂學院教職。中日戰爭爆發後，他到桂林投身「抗日救亡歌詠隊」的活動與培養師資的工作。一九四〇年至四川大後方，先後擔任國立音樂實驗管弦樂團指揮、白沙國立女子師範學院音樂系主任等職，並兼任中央訓練團音樂幹部班訓練班主任。一九四三年擔任國立音樂學院院長，專門培養音樂人才。

他在一九四五年創辦音樂學院幼年班。在烽火離別的歲月裡，要辦學是很辛苦的，但吳伯超認為，音樂教育應該從小培養，所以收容了流離失所、父母親託孤的戰火兒童；這群孩子從小沒有接觸過音樂，也沒有看過樂器，在戰火綿延的後方，吳伯超依個人體型、特質，讓這群兒童暫時遠離炮火烽煙、接觸音樂訓練。在學校裡除了音樂教育，吳伯超與其他老師，還同時給予孩子們所欠缺的家庭溫暖。吳漪曼說：「父親真是偉大，在沒有經費、沒有樂器、沒有書籍、師資缺乏的年代裡，帶他們進入音樂的搖籃。」

這群孤兒長大後，成為中央音樂學院第一批音樂教育工作者，鋼琴家、小提琴家……等不同專長的音樂家，個個是傑出音樂人才。前些年中央電視台製作了「傳奇的音樂搖籃」，吳伯超早年的學生、在抗戰時教導的兒童們，在鏡頭前一一感念能在戰火中學習音樂，以及吳伯超對他們亦父亦師的照顧，讓他們沒有流落街頭。在紀錄片裡，還珍貴地保留了吳伯超在抗戰期間指揮大合唱「中國人」的氣勢萬鈞。

在近代音樂史中，吳伯超是集合了作曲、演奏、教學與音樂行政的奇才。他早年為幼兒音樂教育奠定基礎，也首創國樂與西樂結合，推動西樂交響樂團生根，他功不可沒。

吳漪曼說：「父親過世後，我常親近父親朋友，感應時代精神與氣息。」一九四九年太平輪船難，吳伯超始終沒有到達台灣，女兒吳漪曼承繼了他的精神，讓台灣音樂教育發光發熱。

太平輪事件次年，吳漪曼獲得美國天主教大學全額獎學金，一路到了美國、歐洲、西班牙和比利時進修共十年，她說：「我進修出國那十年，母親最辛苦寂寞了！」

承襲父親愛的教育

她說，父親過世後，她在音樂路上一路走來，感受滿滿的關懷；文建會就曾以「教育愛的實踐家」為題[1]，為她出版傳記。在太平輪事件發生後不久，她以同等學力考入師範大學音樂系，老師張彩湘一見到她，就用非常仁慈而凝重的眼睛看著她說：「我知道妳，我知道了一切。」那堂課，吳漪曼練習了貝多芬悲愴奏鳴曲第一樂章，與巴哈的曲子。[2]

吳漪曼在教學生涯中，也一樣承接了吳伯超的精神，她曾經寫過一段話：「一直到今天，家父那種不懼怕戰亂的危險，在最艱難困苦中的辦學精神，他不眠不休關切、愛護、照顧學生們，他和當時任教的老師們，為音樂教育、年輕學生的付出，是我的典範。」[3]

向來受父親言教、身教影響的吳漪曼，也與父親一樣，一生與音樂結緣，在台灣從事音樂教育工作，對所有學生熱忱相待。她的學生

吳漪曼最喜歡這張——與父親吳伯超父女情深的照片。

兩岸都對吳伯超極為尊敬，台灣、大陸都有多本介紹吳伯超的作品。

中有劉富美、蔡修道、潘慶仙、葉綠娜……等，曾任文建會主委的陳郁秀、指揮家陳秋盛……都是常與她往來的好友。所有她曾教過的學生，都以師承吳漪曼為榮。吳漪曼沒有子女，她把學生都當成自己的孩子，學生們也都記得吳老師輕聲拂過的課堂時光。

不曾停止演奏的琴聲與懷念

二〇〇四年，大陸有二十三所學校的音樂科系，共同舉辦了「紀念吳伯超百年誕辰學術活動」，從音樂會到學術討論之外，也同時出版了《吳伯超的音樂生涯》一書。

二〇〇五年，在吳伯超故鄉洛陽中學設立了吳伯超音樂班，為他設立銅像。

二〇〇六年，中央音樂學院附屬中等音樂學校建校五十年、幼兒班成立六十二週年，同時都舉辦了紀念吳伯超的活動，也在北京中央音樂學院附屬中等學校的校園裡，設立了音樂教育家吳伯超的銅像。吳漪曼說：「六十年了，大家都沒忘掉他。」

吳漪曼用自己的方式，與生命中的親人對話。每天她都會靜靜地回味他們的音樂，如同他們就在身旁，不曾離去。

問她會有怨恨嗎？她輕輕地說：「事情過去了。誰都不願意發生這種事吧！」

這幾年太平輪之友聚會中，只要時間允許，她也都會參加，不過她最大心願是重建基隆太平輪紀念碑。一甲子過去，她認為應該有更尊重的做法！今年太平輪事件六十週年，她無法趕到基隆，還惦念著這件大事。

看到新聞，有人要把太平輪拍成愛情故事，她更是著急，「太平輪是生離死別，是時代的悲劇，怎麼是只有愛情呢？真實的故事，超越了愛情太多！」

吳漪曼一直用她的方式，與生命中的摯愛對話。每天清晨，陽光從窗外灑進客廳，她第一件事就是先為父親、母親上香，再為桌上一排已經辭世的親人與一生相知相惜的伴侶——音樂家蕭滋，上一炷清香。客廳裡二座鋼琴，安靜地排列著父親吳伯超的著作、曲譜和愛侶蕭滋的曲譜，她輕輕地說：「這麼多年，就像他們還在我身邊，不曾離去。」

和平東路公寓裡有貓、有花，還有她長長的相思，如同鋼琴的敘事詩。

二〇〇九年一月二十七日，農曆大年初二，她在聖家堂，為父親及當年來不及到台灣的受難者做了一場彌撒。她用她的方式紀念這場悲劇。

那天台北濕冷，下著雨，彷彿也為六十年前的往事落淚。

1 文建會策劃，作者陳曉雰，時報文化出版。

2 張彩湘為台灣第一位鋼琴家張福興之子，苗栗頭份人，師範大學鋼琴教授。太平輪事件後，吳漪曼曾描述過與恩師初見，以及一生來往的師生情誼，是她極為敬仰的老師，曾為文〈懷念敬愛的彩湘師〉。

3 吳漪曼在吳伯超百年誕辰活動後，手寫短文，談及父親對她一生影響。（節錄）

父來公園

〔李昌鈺〕

成功商人一大家

六十年前的一月二十七日，不到十歲的李昌鈺，興高采烈地與家中的兄姐在桃園家中等待，父親這天要從上海回家過年了！他們在院子裡，用石頭排上了「父來公園」，期待父親一進家門，就能感受到兒女們等待父親的深情。

不過父親李浩民卻沒有機會見到這座父來公園……

李浩民是江蘇如皋縣人，家中世代經商，是名成功的商人，據說家鄉如皋縣有一半的土地是他們李家的產業。發跡後，他轉戰上海，從事石油及日常用品貿易；李昌鈺一歲多時，也隨著家人遷到繁華的上海，度過童年。他上有十一個兄姐，都是母親李王岸佛一手帶大。

在上海，父親工作繁忙，母親請了佣人幫忙打理家事及照顧孩子。家中食客眾多，只要是父親的同鄉來到上海，父母親都會照顧吃住，李昌鈺曾在自傳中形容家中食客有百人進出。

一九四七年，父親看著局勢越來越惡劣，讓母親帶著孩子先到台灣安頓。當時年紀較長的兄長，也在台灣找到工作，二哥開農場，三哥學校畢業後找了一個工程師的工作，父親則定期從上海到台灣看望家人。在李昌鈺記憶中，父親平日很忙，但是對子女的功課督促嚴格，回家都要抽查作業，或是親自教他們認字。李昌鈺說，他都會在父親回家前把作業寫完，或是把課文背完。

母親一個人在台灣照顧所有的子女；有些同鄉到台灣，人生地疏，仍如在上海習慣，投靠李家，母親還要張羅吃食，照應同鄉生活。六十年前的災難，讓大家措手不及，母親還雇了一架飛機到失事現場尋找。父親意外喪生，家中食客也紛紛走避，只剩下年過五十、從來沒有上班工作過的母親，照料一大家子的孩子。

原本富裕的生活突然從雲端掉落，家中只有四名兄姐外出工作養家，母親平日為了張羅兒女的學費、生活費，極為傷神，常常天沒亮就得為生活奔波。沒有受過太多教育的母親，非常重視子女的教育，她知道父親李浩民也極重視此事，於是不論環境再辛苦、再艱困，她都要讓所有的孩子接受高等教育。李昌鈺記憶中，為了省錢，全家兄弟姐妹都是在一張圓桌子上寫功課、用餐，時間一到，大家一起關燈，決不浪費電源。衣物一定是縫縫補補，大的穿完、小的接手，物盡其用。

童年在大陸生活優渥、物資豐裕，但父親死後，李昌鈺很久都沒有新鞋穿。然而他一天天長大，母親還是想盡辦法，給了他一雙新鞋。為了保護這雙新鞋，李昌鈺上學時，幾乎一路提著鞋子走路，到了校門口，才把鞋穿在腳上走進校門。後來這雙鞋，成了李昌鈺成長歲月裡，非常重要的回憶。

求學困頓，個個爭氣

求學的困頓，一路伴隨李家孩子成長，所幸他們兄弟姐妹都很爭氣，相繼受完高等教育，幾位姐姐也成家立業或到美國深造。母親後來隨著三姐李小楓到美國定居，把李昌鈺交給已經結婚的大姐，希望他好好唸大學。

中學時，李昌鈺跟著姐姐、姐夫生活，考大學時原本考上海洋大學，但他發現中央警官學校招生，學費全免，工作生活都有保障，決定報考，成為中央警官學校第一批對外招生的二十四名學員之一。

一九六五年，三姐李小楓鼓勵他到美國開拓視野。他與妻子帶了一點點錢，開始在美國生活，租了房子以後，身上只有五十美元。他半工半讀，從大學開始進修，花了十年功夫，一路唸完碩士、博士。

一九七五年李昌鈺獲得博士學位，隨後受聘為康乃狄克州紐黑文大學刑事科學助理教授，三年內從助理教授升至副教授，進而成為終身教授並出任刑事科學系主任。

一九七九年，他出任康乃狄克州警政廳刑事化驗室主任兼首席鑑識專家。一九九八年七

李昌鈺常說，如果沒有太平輪事件，他也許就與父親一樣，選擇當名商人吧！

月，出任康乃狄克州警政廳廳長，成為美國警界職位最高的亞裔人士。二〇〇〇年，他從廳長職位退休，繼續主持康州的刑偵工作。二〇〇一年，受聘為紐約州警政廳總顧問。

世界知名Dr. Henry Lee

從小喪父、苦讀出身的李昌鈺，在大陸出生、在台灣長大、在美國發光發熱。他創下了許多第一：美國首位州級華裔警政長官、美國歷史上官職最高的亞裔執法官員、參與調查各類案件高達八千多件、獲得全世界八百多個榮譽獎項、二十多個榮譽博士，也被美國和世界各地六十多所法學院和醫學院聘為顧問或客座教授，出版了四十多部著作。

他偵辦過的許多刑事案，都成為國際法庭、科學界與警界的教學案例。他還親自上場主演電視劇「蛛絲馬跡」、「李博士奇案錄」……等擁有超過八千萬觀眾收視群的系列電視節目。參與過辛普森殺妻、甘乃迪暗殺案重審、柯林頓事件、九一一事件及台灣三一九事件的鑑定。

這幾年他常回台灣講學或參與懸案重審，也成立了一個基金會，為培養刑事鑑識專家而努

李昌鈺是世界著名的刑事鑑識專家。（翻攝自「尋找太平輪」紀錄片）

力。二〇〇四年，母親李王岸佛以一百零六歲高齡過世，同年，他獲得美西華人學會第二十五屆年會「特別成就獎」。隔年，李昌鈺家鄉為其母李王岸佛塑了雕像，他與三姐李小楓一家還專程前往。江蘇如皋縣還為李昌鈺成立了「李昌鈺刑偵技術博物館」。

這位從小沒鞋穿、有了新鞋捨不得穿、提了鞋光腳上學的孩子，如今是世界知名刑事鑑識專家Dr. Henry Lee。在談起太平輪時，他常感慨地說：「如果不是太平輪事件，父親過世，我後來就不會去唸警校，也不會走上刑事鑑識這條路，也許就與父親一樣選擇當一名商人吧！」

六十年前用石頭排了「父來公園」等待父親的小男孩，因為太平輪事件而改變了一生。

※資料來源：《神探李昌鈺破案實錄》，作者鄧洪，時報文化出版。

悲憫菁英殞落

〔鄧平、鄧溪〕

兩地相隔，來不及見到弟弟出生

「我們十二月四日坐太平輪來台灣等爸爸，可是再也沒見過爸爸了。」身為老大的鄧平，一夜之間成了大人！父親是當年《時與潮》雜誌總編輯鄧蓮溪，與時任遼寧省主席的徐箴一家，坐上了太平輪。

鄧平記憶中，他們一家是在一九四八年十二月四日，坐上太平輪，來到台灣的基隆港。那天社長齊世英[1]的大兒子結婚，中午請婚宴，下午他與母親、妹妹，帶了二箱洗衣皂、二袋麵粉及一些簡單的隨身衣物，枕頭、鋪蓋一捲就上了船。他與同鄉李先生一起，坐二等甲板下的船艙，母親大著肚子快生產了，帶著妹妹們坐在甲板上的頭等艙。

「我住在甲板下的船艙，衛生條件極差，躺下來，頭上是家裡的柳條包吊掛在上鋪，十二月風大浪大，根本不敢睜開眼睛，一睜開眼睛，天上都在晃，翻過身就想吐。」他記得在船上根本沒吃東西，偶爾上甲板看母親，雖然是頭等艙，衛生環境還是不好，空氣裡盡是腐朽酸臭的味道，沒有清掃，沒有維修，「母親抱著肚子，熬過三天兩夜。」

一下船，鄧平看見岸上賣的紅皮甘蔗，覺得很新鮮，因為大陸都是白皮甘蔗，沒見過紅皮甘蔗；還有大又肥的香蕉。下了船，他很高興，覺得似曾相識，空氣濕度像極了小時候住過的重慶；十二月的台灣，已是冬天，但是南方的溫度比上海溫暖許多。「我們一件一件脫，大家手裡捧著毛衣、大衣一面下船，很有趣。」

鄧平一家被安排在一些公家宿舍如桂林莊、青雲莊，後來則住在延平北路的金山大旅舍，「說是金山大旅舍，其實是小旅館，有個棲身處吧！」初到台灣，一切對鄧平全家而言都很新奇，滿街的木屐聲喀喀響……不久，吃了冬至湯圓後，一九四九年一月二日，弟弟出生了。

鄧蓮溪服務《時與潮》雜誌時，赴美工作的證件照，鄧家子女細心保存。

壯志未酬

原籍東北的鄧蓮溪，是位優秀的新聞工作者，外文系畢業，在二次大戰期間，被齊世英聘請，為《時與潮》雜誌駐美國特派員；後來擔任《時與潮》總編輯，與齊邦媛父親齊世英等人是好友。據齊世英[2]回憶，他與一些東北青年有鑒

鄧家全家在台灣的全家福，小男生是鄧溪（左前一），從來沒有見過父親。

於當時中國太缺乏國外的書刊雜誌，想把一些外國人的文章加以翻譯，介紹給國人，於是辦了這份雜誌，這也是早年從抗戰時期到遷台時，均在發行的雜誌。《時與潮》雜誌取名的含義，據說是希望這本刊物能夠帶動時代與潮流思路，在當時社會起了相當大的鼓舞作用。

齊邦媛教授回憶錄《巨流河》[3]提及，《時與潮》雜誌是幾位東北青年在一九三八年籌錢辦的一本專門介紹國際現況的刊物，由齊邦媛教授父親齊世英擔任社長，期待讓戰火下的中國人能與外面世界接軌。

一九三九年對日抗戰時，雜誌撤到重慶持續出刊，鄧蓮溪就是在重慶時加入雜誌工作。外文系畢業的他，被派到美國擔任特派員，工作是將最新的《紐約時報》、刊物雜誌、書刊、論述等做好剪報與整理，寄往印度，再翻山越嶺到達重慶的雜誌社總部。

對日抗戰期間，鄧蓮溪全家在重慶沙坪壩，他用微薄的薪水養家。鄧平記得童年住在重慶，生活物資缺乏，米袋裡全是腐爛的米，洗米常常是洗碎了，才下得了鍋，「應該是長了黃麴的米糧，為了生活還是得吃。」

抗戰勝利，舉家隨雜誌社搬到了上海，生活大有改善。父親對家庭教育很嚴格，親授英文，盯發音，重視學業進度，鄧平一點都不敢懈怠。

據齊邦媛教授回憶錄中提及，鄧蓮溪是準備到台灣協助遷刊事宜，而坐上了太平輪。當時齊邦媛與先生羅裕章，也在基隆港等船，「我們一大早坐火車去等，到九點卻不見太平輪進港，去航運社問，他們吞吞吐吐地說，昨晚兩船相撞，電訊全斷，恐怕已經沉沒。太平輪海難，前因後果至今六十年仍一再被提出檢討，我倆當時站在基隆碼頭，驚駭悲痛之情記憶猶如昨日。」[4]

一月二十七日，全家都很期待父親要來台灣團聚。從大陸同行的李先生到基隆等船，從早上等到中午，船一直沒進港，「船出事了！」回到家，別人家歡歡喜喜過年，他們一家全沒有心情說話，「大家無話可講，大家心裡都不舒服，心裡也不能說什麼。」原本期待的歡樂，化為一生的哀慟。

悼鄧蓮溪兄
許君遠

太平輪事件後，大公報還刊載了悼念鄧蓮溪的文章。

二月七日的《上海大公報》，有位許君遠寫了一篇悼念文章〈悼鄧蓮溪兄〉，文章中描述了鄧家妻子家小先到台灣，及他過去在重慶與美國等地與鄧蓮溪相知相交的點滴。許君遠在失事名單中，看見鄧蓮溪的名字，半信半疑。他形容知道鄧蓮溪遇難：「一個善良的靈魂消逝了，我感到無限的悲愴。」

災難發生，全家待在台北的小旅舍裡，等待處理後續事宜，「母親很堅強！」在鄧平回憶中，母親才生下弟弟，妹妹們都很小，還要應付船難後續，原來等待父親來台灣團聚的喜悅，化為要面對巨大的變故。

「我們都活過來了！」回首六十年，鄧平這樣說。

節省度日，變賣細軟

春暖花開的三月，全家帶了隨身行李及衣物，離開了暫時棲身的小旅館，遷居台中；因為台中有些東北同鄉，生活費也比較低，男主人缺席的家裡，他們得節省度日。在鄧平的敘述中，他有很多年是學著當家：在台中市柳川東西路附近擺攤，「能賣的全都賣了，衣服、大衣、毛衣，母親的一些老本。或者是以物易物。從初二到高中，用少許的錢維持全家生計。」還在唸中學的鄧平，成了一家之主。

「那時不准賣大頭、不能私下賣黃金，我都做了。」母親帶著剛出生的弟弟與年幼的妹妹們，無法外出工作。他與媽媽一起為無緣見到父親的弟弟，取名「鄧溪」。原來鄧家的孩子，名字都與出生地有關：鄧平出生在北平，兩位妹妹出生在嘉凌江畔，名字都有「嘉」，小弟弟出生在台灣，但為了不忘自己是遼寧本溪人，所以取名溪，「我與母親一起想的。」

在台中過了幾年，母親在彰化紡紗廠找到工作，全家又遷至彰化。對太平輪的記憶，僅止於曾到台中一位夏律師辦公室，了解官司狀況，以及到台北市《時與潮》雜誌辦公室找生還者喬健洲。喬健洲是齊邦媛教授的表兄，當年與東北一些同鄉同搭太平輪，是三十六位生還者之一。據齊邦媛教授陳述，這位表兄死裡逃生回到台灣，也在《時與潮》雜誌工作。喬健洲年少時留日，在台灣並沒有待太長時間，即轉往日本發展。他在太平輪船難中死裡逃生，但是長時間泡在大海的雙腳，卻讓他日後飽受關節風濕之苦。

小小年紀的鄧平，與母親一起去了解太平輪失事狀況，並向生還者打聽父親的下落。「我們多希望他沒有在船上！」「會不會沒有上去？」喬健洲[5]則確定鄧蓮溪在船上。

「我們存疑了很久，父親有沒有上船？」

「到哪裡去了呢？」

之後多年，鄧平記得太平輪賠償事宜，都是父親老友們代為處理，第一筆賠償金大約是二十萬舊台幣，之後陸陸續續收到一些以美金支付的賠償金，但因為當時幣值太亂，過於複雜的換算模式，鄧平已經不記得確實數字，「只記得天文數字的法幣了。」

事後鄧平聽到許多傳言，說父親在船艙裡來不及脫身，大水一淹，很快艙門立即關上，來不及逃生吧！「唉！」他輕嘆一口氣。由於父親朋友多，鄧平記得每回有父親老友相聚，這些父執輩朋友都會說：「╳╳的兒子呵！」「好！」「很好！」之後即鴉雀無聲，大家都不願意再提起往事了。

鄧平回首過去，淡淡地說：「大家都活過來了！」

往前走是路，向上看是天

年紀稍長，鄧平自願從軍，響應一江山之役中太平艦被擊沉後的「建艦復仇」運動[6]。離開家庭，經過五年軍旅生涯後，一九五九年一場家庭變故，讓他再度面臨人生中的劇變：那年他在外島出差時，一場意外奪走小妹生命，母親的胸椎受傷，有顆子彈還從小弟身邊滑過。意外發生，鄧平立即申請退役，回家專心照顧受傷的母親、妹妹及弟弟。回到彰化住家，母親已經無法工作，鄧平擔起一家之主的責任，白天照顧母親，晚上在工廠輪值夜班。

不久，因應九年國教列車啟動，彰化教育學院對外招考師資插班生，鄧平趕上第一批招生。進修時原本規定得住校，卻因為他得照顧母親，學校讓他通車上課。畢業後，鄧平留在學校擔任行政工作，直到退休。「我是很幸運吧！」

他的大弟弟鄧豫後來也從軍，而最小的弟弟鄧溪則是創業成功的貿易商，遊走世界各地。因為鄧溪記憶中從來沒有父親，是母親在成長過程中，給予所有孩子們加倍的愛與關懷，所以從小他認清自己是沒有父親的孩子，知道自己沒有哀傷的權利，在沒有外援的生存環境中，看盡人情冷暖。他不斷激勵自己，要發憤圖強！一路創業艱辛，他卻覺得，往前走是路，向上看是天。

六十年過去，生命裡沒有父親的影子，鄧平、鄧溪覺得，父親在天堂見到他們的努力。

1 齊世英是齊邦媛教授的父親，是民國初年留學日本、德國的熱血青年，通曉三國語文，參與過抗日戰爭，當年在東北從事抗日地下工作，對於建設東北卻壯志未酬。來台擔任立委，後來被國民黨開除黨籍，晚年與雷震等人共同籌組「中國民主黨」，在台灣民主化歷程中留下難以抹滅地位。

2 見《齊世英先生訪問錄》，沈雲龍、林泉、林忠勝訪問，林忠勝記錄，中央研究院近代史研究所出版。

3 《巨流河》係齊邦媛教授花費四年時間、反映中國近代苦難的家族史，天下文化出版。

4 《巨流河》，作者齊邦媛，天下文化出版。

5 喬健洲，太平輪生還者，曾接受媒體訪問，為太平輪沉船事件作證。

6 一九五四年冬季，中共空軍創立，擁有若干俄製噴射式戰機，對華中、寧波以南之近海領空，逐漸加以控制，且對一江山、大陳諸列島展開攻擊，擊沉了海軍重要軍艦——太平艦。一九五五年初，台灣全省各地青年學子及社會人士，紛紛發起重建新艦、報仇雪恥的運動，掀起一陣請纓從軍熱。

東勢百年燻樟業傳人

〔吳能達、吳素萍〕

向祖父致敬

二〇〇九年在寶島燻樟的網站，吳素萍寫了幾段話：

「我阿公吳祿生，在我眼裡他是一個成功的貿易商人。雖然我沒親眼見過他，但是個令我學習的對象……但因為太平輪沉船……他只活了四十六歲……

每當我去祭拜他，人家帶的是鮮花素果，我帶的是我自己研發的燻油手工皂，及客委會輔導的樟腦油跟檜木油及燻油，無非是要告訴他……

看我把樟腦產業變得不再是慘業！讓他看到我的努力！」

吳素萍承繼了客家女子的堅毅勇敢，多年前回到東勢客家庄，與父親、母親及兄姐將一個沒落的產業重新包裝再造，再創百年老產業。這一切也是為了向她的祖父吳祿生——一位成功的貿易商致敬。

「他一提往事就難過！」吳素萍看著偷偷拭淚的父親。如果不是這些年傳播媒體討論太平輪事件，父親不會提往事，也不會告訴他們祖父的傳奇。

吳家從廣東移民到台灣中部客家村，據族譜記載，在台灣大約四、五代。遷台祖世代以中醫傳家，到了台灣，他們多在中部山區的客家村居住，從東勢到南投、國姓等地落腳，一如所有客家移民的足跡，沿著台灣坡地開山墾林。吳能達八歲時，適逢第二次世界大戰開打，物資非常缺乏，配給物品困難，父親吳祿生寬厚待人，總是把米、油、鹽等糧食，留給腦丁們，家人則吃地瓜籤、香蕉籤和木瓜籤等流質食物。

東勢客家村吳祿生，年輕時候膽識過人，二次大戰期間開始來往兩岸，從事多邊貿易。

在二次大戰期間，吳祿生開始在中部八仙山焗腦[1]及焗檜木油，據說當年的檜木油可以充當飛機的燃料油，而中部山區有滿山的樟樹，是日本人最愛的林相產業。吳能達從小就跟著父親在山林生活，學習焗腦及焗檜木油的技術。

吳祿生在日據時期除了焗腦外，也從事木材與香蕉雙邊貿易，當時將香蕉製成香蕉乾及香蕉油（據說是當時婦女坐月子最佳補品）外銷，也曾將台灣蘭花外銷至日本，足跡遍及太平洋跟台灣海峽兩岸。

光復後，吳祿生不定期雇用船隻，將台灣香蕉載往上海銷售，再到福州購買杉木運回台灣（早期電線桿以杉木為主），或是將一些民生物資運回台灣銷售。

頭腦聰穎，膽識過人

吳能達說，在還沒有香蕉大王外銷香蕉到日本之前，他的父親就已把中部山區的香蕉運銷大陸及日本。他還記得吳祿生第一次運送香蕉到上海，因為算錯船期，全船的香蕉在船艙中悶成了爛蕉！吳祿生腦筋一動，發明了香蕉乾。用炭火烤的香蕉乾，又香又脆，「來自台灣的名產，意外成為暢銷商品。」吳能達說。童年在山區長大，祖母、母親都很會做香蕉乾、香蕉油，帶著家丁、工人，一起生產。吳祿生產銷一貫作業，「走水路生理（生意）啦！」[2]

當客家人大半仍在山林間流汗耕作、賺取微利時，吳祿生已經懂得多角經營、利用山產與客家村的產能，到大陸、日本作貿易買賣，並經由大安溪、大甲溪河谷沿岸，在卓蘭、東勢、石岡等地從事小機動船運輸的行業。吳能達記憶中，中部山城的公路運輸極差，沒有現代化馬路，但大安溪上游到下游，水勢豐沛合宜行船。

沿著大甲溪走，豐沛雨量穿越各平原丘陵。從清朝開始，這裡山居的客家先民，會引用河水入圳，種植農作物、山產，再往東勢、石岡與谷關山區輸送。吳祿生就在大安溪流域經營流籠[3]及大甲溪營運機動船的運輸業，利用水路為客家及原住民村落，運送人與貨物。

儘管日本人高壓統治台灣，不許台灣人讀漢文，吳祿生還是承襲客家人耕讀傳家的古訓，請來漢文先生，在家裡成立私塾班；家族子女除了學校的日文教育，一定得學千字文、三字經、昔時賢文、中醫、珠算及客家拳[4]，古文得用客語及河洛語版唸完，才能過關。吳能達回憶，那是人生最快樂的時光。

民國初年吳祿生（後排右一）與父母親家人合影，父親吳景春（前排右二）是第一代腦丁。

由於父親長期往來上海、台灣等大城市，吳能達有了村子裡第一雙上海皮鞋。在生活困苦的年代，大家都是打赤腳上學，有雙布鞋已經是客家庄的富豪子弟了，而吳祿生利用來往大陸貿易的機會，在上海買布、買皮鞋等奢侈品，替家人增添行頭。村子裡很多人一輩子沒有穿過鞋，更別提皮鞋，於是大家都來參觀吳能達的皮鞋；吳能達總會秀出亮晶晶的皮鞋，其實更想炫耀的是父親的愛。

一九四九年一月，過農曆年前，吳祿生照例至上海收錢，再批貨回台灣販售。出發前，他先將要寄回台灣的貨款、黃金、布疋、皮鞋、波斯毯及民生物資等貨品寫了一份清單，寄回家中，並告知家人，他會搭上一月二十七日的太平輪船班。

吳素萍在部落格裡寫道：「誰會料到這是一艘開往天國，天人永隔的一艘破船，還嚴重超載，黑夜中熄燈還能行船，船長酒醉睡著延誤，以致撞上建元輪，造成多少家庭悲劇跟遺憾，我可以想像阿公在海中，在跟死神交手剎那，內心的不甘願，遺憾，不捨，掙扎到最終生命結束，連同他要帶回台灣的財物沉入海底！」

代打豬印、背小孩、當童工

生長自富裕家庭的吳能達，從此天地變色，唸完小學就得被迫出外謀生，負擔家計，並跟著母親回到娘家，一切從零開始。為了餬口飯吃，小小年紀、個子還沒長大的他，就到中坑坪派出所當工友，協助戶口校正、代打豬印、照顧巡佐小孩、打掃環境、泡茶、替派出所的警察家眷們當小工以及分送各分局公文，一個月薪資是新台幣十八元[5]。

十二歲的孩子，身影小，忙著當巡佐家小保母、小佣人，還要送公文；人小腿短，走起路來比大人慢，送公文時，為了增加公文的時效性，只要看到有順路又騎鐵馬的路人，就手拉著鐵馬在後面追跑，這樣跑起路來就快許多。

早年打豬印是警察主要工作之一，在生活困頓的年代，民間不可以私宰豬隻，於是警察還得管豬印。合格屠宰的豬才能蓋豬印，沒有蓋印是犯法的！為防止私宰豬隻，年幼的吳能達，有他的堅持跟執著，常要到山上偏遠地區替婚喪喜慶戶打豬印；面對血淋淋的豬體，還得硬著頭皮打豬印，這可是連大人都不願意做的工作！走十幾公里的山路，豬印打好，天都暗了，幾乎摸不到回家的路。

吳能達（右）年輕時也加入了製樟的行業，開始承襲家業。

一個人在黑漆漆的山路摸黑回家，黑夜裡沿著濕漉漉的山壁，蝙蝠刺耳的叫聲穿梭在山洞間，夜鴞在樹梢停歇時發出低鳴，山崖邊滴滴答答的水聲，沿著他的腳步聲聲逼近，森林裡不知名的蛙鳴、獸吼相互交錯，發出詭異淒厲的聲響……吳能達想到年少失去父親的哀痛，從生活富裕、備受呵護的童年，還來不及長大，就得承受失去父親的心酸跟委屈，不禁悲從中來……一個人孤零零地走著，淚如雨下，滴落在黑夜恐怖的山路間，伴隨他翻過一座又一座山頭。

吳素萍說，每回父親談到這些往事，還會哭紅了雙眼。「當阿公的人，還如此難過傷心，我很不忍心，就像在他的傷口上撒鹽一樣痛，聽了我都想哭了！」

吳素萍紅了眼，赤熱的陽光下，分不清是汗水還是淚水。

吳能達在太平輪事件後，走過了困苦前半生。前幾年，他特地到基隆，尋找太平輪紀念碑。

傳承家業

十八歲，吳能達經堂姊夫介紹，到高雄公路局保養廠工作幾個月。不久四叔吳衡生從日本回到台灣，指導吳能達承襲家業，從事薄荷腦工作，開始接觸龍腦、樟腦；二十五歲以後，開始自己獨當一面從事樟腦製作，二十六歲考上腦長[6]執照。

東勢鎮位於中央山脈與台中盆地之間，早期盛產樟樹，是客家村主要經濟作物；台灣一度有過製樟腦外銷的輝煌歲月，樟腦曾是台灣三大出口貨品，有台灣三寶的美名。

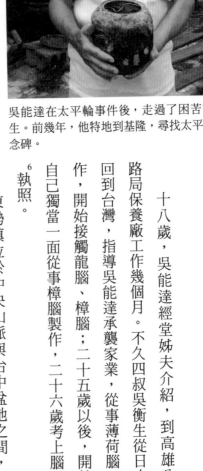

吳能達祖父吳景春，日據時代即開始從事製樟腦行業，是家族第一代腦長；父親吳祿生也擁有日據時代官方頒發的腦長證明。在國民政府未開放樟腦提煉時，腦長有名額限制，申請者必須是專業技師、農校相關科畢業或是有伐木二萬立方公尺的經驗。吳能達從小隨著父親在山區長大，當時他申請時為第五十三名，被稱為第五十三位腦長，如今他的家族四代經營製樟業，已超過一百年。

在台灣經濟起飛後，產業規模改變，製樟業逐次沒落，吳能達一度放棄製樟行業。直到這

吳素萍每年在清明節掃墓時，供上自己研發的樟腦新產品，告訴阿公，後代的努力！她以阿公為榮。

些年，他的子女們重新拾回製樟技術，並開發出符合現代的環保有機新產品；女兒、兒子負責行銷開發，吳能達負責生產、技術傳承，是頗具知名度的地方文化創意產業，各家電視台常常來採訪邀約，還曾有過遊覽車停在家門口的盛事，吳素萍說：「希望阿公在天上，也看見了我們的努力。」

在吳能達子女們的努力下，傳承百年的寶島燻樟，這些年重視技術傳承、強調古法煉製，再加上吳素萍與兄姐各司其職，發展出極具特色的商品，而得到去年客家特色商品的榮譽。吳素萍說，知道阿公的故事後，她更努力開發、行銷，每年掃墓，她都會帶新研發的產品到墓前，告訴阿公，他們讓沒落的行業再度開出火樹繁花，也向這位未及謀面的阿公致上最高敬意。

看見電視報章介紹太平輪紀念碑在基隆港

口，兩年前吳能達還到了基隆；他一面拭淚一面說，想看看紀念碑。「爸！你什麼時候去的？」訪問時，吳素萍還很訝異，父親竟悄悄去了基隆港。「太平輪船沉了……一切希望似乎沒了，那是一個充滿傷痛的回憶，我感覺得出來，父親不太願意去回憶。」看著父親拭淚，她說應該還有很多故事，只是她不敢再多問下去！

這幾年吳能達常常接受各家電視台節目邀請，示範他的焗腦技術；當年受他照顧、被他背在背上照顧的孩子，還透過電視台來尋故人，「那個孩子都六十了！」

1 焗腦，客語中指提煉樟腦油。
2 客語。走水路，做船運貿易之意；生理，作生意之意。
3 在地處山區及交通不便區，「流籠」是極佳的運輸方式，一方竹籠從山的那頭到這頭，或是橫跨溪谷的兩岸，可運送人、貨、山產、水果……等。
4 早年客家村士紳請老師到家教私塾，除了古文經書外，多會請師父教客家流民拳等武術，以備不時之需。電影《一八九五》中的北埔姜家、苗栗徐家，即呈現了客家士紳自小在家中習武術的情境。
5 舊台幣四萬元換新台幣一元，吳能達領的是新台幣，但是生活中仍使用舊台幣。通貨膨脹的年代，幣值混亂，他的日記帳中有詳述。
6 「腦長」類似過去菸酒公賣局發給許可證，可從事樟樹開發與採買，管理一群「腦丁」（工人）和「腦寮」（工寮），有人戲稱吳為末代腦長，因為之後就不再有腦長制度。

※資料來源：
寶島燻樟部落格http://blog.sina.com.tw/camphoroil/article.php?pbgid=51173&entryid=58222
大紀元時報http://www.epochtimes.com/b5/6/10/9/n1481013.htm

花開散葉

——太平輪人物故事二

〔楊太平〕

太平輪之子

有人說，他出生在太平輪

二〇〇五年一月六日，在尋找太平輪的網站上，有人寫著：「I was born on Taiping on her way from Shanghai to Keelung the day of January 15,1949. My nickname is Taiping.」讓我們欣喜萬分，也認識了這位遠在美國休士頓的太平之子。

一九四八年，蔣介石政權在南京頒布「動員戡亂時期臨時條款」，透過這項條款，凍結了憲法部分條文。

同年九月，林彪領著共軍攻進錦州、長春與瀋陽，十一月淮海戰役共軍趁勢追擊，進入華北與中原。來自大陸各省的學校、機關軍職公務人員，消息靈通者、商人……帶著眷屬，紛紛聚集上海，準備南遷台灣，逃亡潮正式開航。

六十年前出生在太平輪的楊太平，如今是在美國工作的科學博士。

一九四八年秋日到一九四九年，大陸各地政府、機關、學校、團體已紛紛向南方港口遷徙，隨時準備南遷台灣，內地充斥著動亂的氣氛，耳語、紛亂、流言四處瀰漫。

文化大學席涵靜教授回憶：當年他十二歲，父親是閻錫山手下，早早與同事從山西到上海，隨時待命到台灣。在上海的日子，沒有上學，家中長輩、親友天天聚在一起討論局勢，通貨膨脹，物價一日數變。共產黨大舉進攻，蔣介石政權撤守，大家人心惶惶，隨時帶著財物，準備逃難。

楊黃桐枝在一九四八年懷孕，跟著丈夫楊民的兵工學校四處遷移，一度在蘇州與學生們暫居廟裡；學校發的薪餉不夠，他們就靠著家中接濟，一面等待著隨時遷校台灣。離分娩的日子越來越近，楊黃桐枝想回老家湖南生產，到了火車站，「人山人海，人擠人，我看到一些小嬰孩，就在火車上被擠落，掉下來，死了。我嚇死了！不行、不行！這會出人命。」

拎了行李，楊黃桐枝回到原住處；產檢時，衛生所護士建議，「到台灣吧！台灣四季如春，小孩在那裡長大，也不錯。」

恰好丈夫的兵工學校，已經接到命令要移防台灣，就與兵工學校同學一起到了上海，登上一九四九年一月十五日的太平輪；同學也替他們訂好基隆醫院病房，打算一到基隆就可住進醫院待產。

通鋪產子，平安長大

可是人算不如天算！一上船，搖晃的船身與風浪引起楊黃桐枝肚子陣陣疼痛，使她不停地上洗手間。船艙裡擠滿了人、貨品、行李，還有三所準備大規模遷校的軍校師生，船上的人已經沒有辦法挪出空位讓她待產，更不知如何迎接船上的新生命。

兵工學院一位見多識廣的主管，臨時被找來充當接生大夫，一看見通鋪上陣痛的楊黃桐枝，自己先昏倒了，這時小嬰兒已經搶先來到人間。

小嬰兒臍帶未剪，同鋪的四川老太太鎮定的拿出剪刀，「別怕，別怕！我們別讓孩子受到風寒。」老太太拿起剪布的小剪刀，沒有酒精燈，沒有消毒，一刀斷了嬰兒與母體的臍帶，用紗布貼住嬰兒肚子，「他出生，一身血水，船上沒有多餘的水可以洗身體，帶的食物也不夠，丈夫到餐廳要了一碗乾飯，找了二顆蛋，就當成產後最豐盛的一頓飯。」

在通鋪產下孩子，丈夫楊民把嬰兒出生的胞衣、胎盤，用臉盆裝著爬上甲板，扔到海裡；一抬頭，皎白月亮掛在空中，海面上可見舟山群島的小島零星散落，船靜靜地在海面滑行，「好大的月亮，好像人間仙境。」他們因此對這剛出生的小生命，有著更深的期待。

在船上，楊黃桐枝沒有吃飯，大部分時間躺在床上。熬到第三天，一下船，直奔基隆醫院，醫院不肯收這對急診母子，「你們在船上生，小孩會死呀！會出人命，我們不收。」

「我幾天沒吃飯，也不知哪來力氣，就在醫院與他們吵起來，你們不能見死不救呀！」裡面護士長聽到外面人聲吵雜，再見到一身是血的小嬰孩，「呀！好可憐哪！」好心護士長一手接過滿身是血的小嬰孩。在船上沒有人接生，沒有任何護理處理，她覺得孩子可以存活已經是奇蹟。

「我聽媽媽說，我的血都沾滿了全身，變得又硬又乾，頭髮上沾滿血跡，花了好久時間，洗好久，才把身體清洗乾淨。」楊太平說。

楊黃桐枝記憶中，因為血液凝固在身上好幾天，清洗就花了很長時間。抱出時，護士長說：「不好意思，太難清洗，手上一小片皮膚洗破、脫皮了。」洗乾淨了，孩子才放聲大哭。「之後我們就叫他太平，一是紀念他出生在船上，另一是期許他一生都平平安安。」

楊太平一生都沒有忘記，母親從小告訴他，出生在太平輪上的驚險，而他也幸運成為一九四九年一月二十七日沉船前，安然抵台的乘客之一。

太平輪上擠滿來自各方的乘客，每個人都是流亡者；船上添加的新生命，沖淡了幾許流亡者的哀傷，為這趟行程添加了幾分喜氣。

同鋪充任接生婆的老太太，也在一路上指導楊黃桐枝如何照顧初生嬰兒，讓她全家感念在船上的患難真情。

異地生根

到了台灣，她隨丈夫的兵工學校遷居花蓮，三個月沒有薪餉，靠著三條煙、幾包糖、一包米，在花蓮開始了新生活；住在日式宿舍，沒有菜下飯，就著附近的農家地瓜葉炒菜。

所幸兒子長得白白胖胖，在鄉下過著快樂童年。因為船上出生的經歷，朋友們都在「太平」之外，叫他「船生」或「洋鴨子」（意即海鷗）；據說太平輪航行時，甲板上盡是盤旋的海鳥、海鷗，朋友們覺得，這孩子就是跟著海鳥一起上船的。

後來楊太平也應了這名字的期許，有過多次與死神擦肩而過的際遇，卻都平安度過。他認為這是祖先冥冥中的庇佑，讓他在亂世中平安降臨、順利地度過大半生。

二〇〇五年，朋友給他一張剪報，他開始上網，很認真地寫著自己的身世、父母，以及童年的故事：

「Every person has a birth place. I have a birth path that can be drawn a line on the map.

It is our family's destination that my parents did not wait for Taiping's next journy（and the last journey）to Keelung. Taiping is China's Tatanic in 1949.

My father was an army engineer who is good at English, Chinese, mechanics, and US army weapon system. He and his classmates are the pioneers who build and keep up the modern army system in China during WWII and in Taiwan during the 50-70s. Few people in Taiwan had such expertise to handle English/Chinese and the US military equipments during that period.」

楊黃桐枝與丈夫楊民（右），在美國安享老年生活。提到太平輪產子的過程，他們終生感念在船上替他們接生的貴人。

一九五〇年初期，父母親把楊太平的照片寄回大陸，讓祖父母分享有了孫子的喜悅，可是這張照片卻為祖父母帶來災難，在文化大革命時被批鬥。「這是殘忍的，太平洋隔絕了兩岸，讓一岸的人享有自由，另一邊的親屬，卻孤苦無助到老死，還被冠上海外關係的罪名。」

楊太平一九七四年離開台灣，到美國求學，拿到博士學位，工作、娶妻、照顧下一代，與許多早期留學生一樣，在異國落地生根。

但是他從未忘記父母親告訴他，在船上驚險出生的經過，「回首過去，我的人生總是一路往前跨步，沒有機會回頭看，這次才有機會停下腳步，想想從前。」

從父母親的流亡、跨海、移居，自己在異鄉的打拚，從四季如春的台灣到美國南方，一住將近三十年，院子裡有親手栽下的竹林、枇杷、桔子和三月裡花開滿枝的李花。「想念台灣吧！這裡氣候適宜，緯度、空氣與濕度都和台灣相似，我就種些記憶中的台灣果樹！」

由於出生的經歷特殊，楊太平在研究地質專業以外，對歷史、文化也興趣濃郁；朋友們也都知道他對「一九四九」有著深情與眷戀，給了一張尋找太平輪的剪報，就牽引著他，重新喚起台灣記憶。

他的父母在接受訪問時說，回首一生，都是幸運的，在人生困苦的關頭，都有貴人相助！直到現在，還忘不了一九四九年太平輪上替孩子剪臍帶的老太太，以及接下渾身是血的楊太平的基隆醫院護士長，讓他們一家在台灣安身立命。「好想台灣呀！在大陸度過年輕歲月，在台灣生養子息、安家落戶，晚年在美國，最思念的還是台灣。」

對台灣的思念化成了春天的花，飄進每個人的心裡。而窗外，加州陽光金黃閃耀。

※後記：紀錄片播出後，接到楊媽媽的信：「楊媽媽、楊伯伯看了兩遍，宛如回到當時太平輪的原景，第二天楊媽媽又繼續看……」突然想起楊媽媽請我吃她熬的紅豆湯，飄著濃郁香味，甜甜蜜蜜地鑽進心裡！願他們健康快樂。

〔王兆蘭〕

台灣的女性生還者

在官方公佈名單中，王兆蘭是太平輪三十六位生還者中最年輕的一位，也是其中三位女性之一（另一位是北大教授退休，船東女兒周琦琇，現住北京；另一位是周侶雲，時為交大學生）。王兆蘭目前住在台灣，當年她與母親、妹妹、弟弟一起搭船，所有親人不幸罹難，只有不會泅水的她，被人拉起來。「不知道什麼時候，妹妹的手鬆開了，弟弟也不見了，我被人拉上木箱。我呆呆地看著海，清晨太陽出來了，有艘船經過，大家說喊哪！喊哪！我喊不出來……」

再現一名生還者

二〇一〇年一月二十七日太平輪紀念協會籌備會成立，接連幾天，一些受難者家屬電話不斷，新的線索浮現。

這天早上，一位長者低啞的嗓音從電話那端傳來。這些年的工作本能，大部份是受難者家屬，或是來託付尋親的，我以為這是位受難者家屬。

「請問您是？」

停了很久，很久，電話那頭傳來——「我是生還者。」

我心頭一震，天哪！三十六位生還者之一嗎？

過完農曆春節，我想了很久，才打了電話，約了去王兆蘭家拜訪。

「我沒上學。」王兆蘭說。

年幼時，在山東煙台長大的她，父母在上海開餐廳，把她們姐妹託給家鄉的祖父母照顧。日本占據東北，學校說的是日語，課本是日文，王兆蘭的祖父母堅持讓孩子們上私塾，讀寫漢語，學三字經、百家姓。

回憶抗戰時候，在青島舅舅家度過了幾年童年歲月，騎腳踏車，採蘋果……她說：「我過了好幾年快樂的日子。」當時的生活費是父母親定期託人從上海帶到煙台。在他們家，可以一兩黃金過半年。

一九四八年四月，全家已經到了台北，父親在台北開悅賓樓餐廳，過去他們是在上海開餐廳；接著父親留在台北，母親帶著他們姐弟經常來回台北、上海兩地。

一九四九年一月，母親帶著全家大小坐上太平輪，還有親友們一起要到台北陪父親過農曆年。原來是母親不想來台灣，在父親急急催促下，母親原本買了船票，又改買機票，後來發現飛機沒辦法攜帶太多家當，又換買了太平輪的船票，大大小小，把家中衣物和家產全都裝帶上船，像家裡準備的布匹也全數上了太平輪。

浪打來的瞬間，天人永隔

她們買了有房間的船票，但是她們幾個姐妹不想進船艙。空氣差，浪大，很多人都擠在甲板上。王兆蘭與小二歲的妹妹王兆仙，還有親戚潘雲鳳，手拉著手，穿了厚衣服在甲板上。甲板上人多，也熱鬧。

「轟！」地一聲，船身漸漸傾斜，二艘船以丁字型互撞。

黑夜裡萬頭鑽動，海浪無情地打上甲板，她用力牽起弟弟和妹妹的手，母親與她說了最後一句話：「帶好弟弟妹妹呀！」還來不及再看母親一眼，妹妹已經被海浪沖走，母親也立刻消失在眼前。

船一互撞，最開始還有人說沒事、沒事；浪打來，船身傾斜，下沉的人就越多，叫聲呼喊震天哀號。

有人拿著槍，讓大副放救生圈，大副不肯放，浪來了，又沖遠了船，水又更深了。有人鬆手掉下去，浮在海面的人越來越多，王兆蘭緊緊捉著弟弟妹妹的手，緊緊地，心裡不斷唸著佛號：「菩薩保佑！菩薩保佑！」

慌張、混亂、叫嚷、哀號在海面震響。隨著時間分秒過去，船逐次下沉……

夜深黑水，惡夢不醒

在王兆蘭的記憶中，好像半個小時，船就沒頂。她記得自己吃了幾口水，被浪打下去，再飄起來時，已經被人拉到木箱上。

「別動！別動！」木箱上面已有幾個人，一邊高、一邊低的木板，大家趴在上面。還有名老先生，好像隨時會掉下去；有人還不願上來，怕一趴上來，把木板壓翻了，這人就一手抓著木板一端，在海面上飄浮。

深夜的海面溫度劇冷，她不知道母親、弟弟、妹妹都在哪裡，只在心裡祈求全家平安，也祈禱他們已經被人救上岸了。一夜不敢闔眼，身上的衣服全濕透了，清晨陽光灑滿海面，一切惡夢似煙消雲散。經過了生死別離，陽光初現，王兆蘭面無表情。

遠遠地一艘船走過。

「叫呀！叫呀！」趴在木板上的人，身體僵硬麻木，大家用力地揮手大喊，希望那艘船可以發現他們，把他們拉回岸邊。

歷經一夜生死掙扎，大家都累了。漂流在海面上的人影，多半沒有了呼吸，一堆散落的財物、衣箱、貨品，隨波飄蕩；舊事，親情，愛情，散落的生命，在黑夜中逝去。

生還者王兆蘭一登上海祭船就淚流不止，體貼的先生緊緊摟住她，安慰著。

王兆蘭張開口，卻沒有聲音。

「我叫不出來。」說著被救起的往事，王兆蘭數度哽咽。哭不出聲音，呼喊救命都沒有了氣力，她甚至懷疑自己是否真的見到了陽光。

幸運獲救的女性

訪談過程中，她幾度掩面淒泣，丈夫祈思恭體貼地輕拍她的背，「慢慢說，慢慢說。」再回首六十一年前的往事，有些殘忍。

台北初春陽光和煦，王兆蘭說著過往，溫文儒雅的先生陪著她，也曾在年輕時聽她談及悲痛往事。這些年她一直藏在心中的悲苦，並沒有因為時光逝去而沖淡她的悲慟。

把他們救起來的澳洲軍艦，將飄散在海面上的生還者，一一拉上船送回上海。王兆蘭記得船上只有她與另一名女大學生，她年齡最小，艦上的軍人對他們極為禮遇，給大家熱湯熱茶，還把每一個人的衣服拿去烘乾。

到了上海，臨上岸前，桌子上放著大家口袋中的證件細軟，供獲救者認領。那些證件都已經烘乾，王兆蘭找不到自己的隨身物品，還麻煩女大學生與外國軍人溝通（這位女大學生是曾投書報章的周侶雲，她與表哥一起搭太平輪到台灣，與父母親團圓，可是擅長游泳的表哥卻被大浪沖走。周侶雲獲救後，回到上海寫了一封信給父母親，詳述生還經過）。王兆蘭還記得周侶雲的英文很好。

走過人生大難，平安就是福

在台北得知噩耗的父親，火速趕到了上海，把王兆蘭帶回台北，也替母親王姜氏與罹難家人做了衣冠塚。她記得那年弟弟王兆章才八歲，妹妹王兆菊十歲，大妹王兆仙十四歲——他們都來不及長大。同行受難的還有家鄉友人姜漣生與懷孕的妻子，以及同行的親戚潘雲鳳與她的弟弟潘雲章。

到了台北，王兆蘭的人生，似乎應了古人說的「大難不死必有後福」。她說她最慶幸的是好好唸了十年書。早先她在大陸家鄉，沒有機會受正統教育，但是一九四九年回到台北，父親大持續忙碌悅賓樓餐廳的生意，她插班唸小學四年級，很順利唸了北一女初中，直升高中部，大學唸了師範大學的圖書資料科，之後在圖書館工作了一輩子，生養了四名子女，個個都很有成

王兆蘭邊流淚邊唸祭文。

就，是她最感到欣慰的事。

而她也很感激父親在變故中娶了繼母。她對她非常照顧，代替過世的母親給了她家庭溫暖與母愛。王兆蘭記得有長輩告訴她「亂世沒有時間好等」，而且她還有更小的弟妹，在台北家中等著團聚。繼母出身大戶人家，非常能幹，協助父親持家，照養子女長大成人。

王兆蘭在台灣的人生順利平穩，如今她在台北過著含飴弄孫的退休生活，每週還去當志工。家中牆上掛滿了每年的全家福，全家快樂幸福得讓人艷羨，她覺得自己很知足。兒女家人孫輩們都沒人讓她操心。

海祭時，她第一次回到失事現場，也是重生現場，百感交集；她第一次遇見同是生還者的葉倫明，回首，恍如隔世。

「平安就是福。」走過人生大難，王兆蘭平順地在台灣度過快樂人生，更能體會平安的可貴。

〔吳金蘭〕

航行生命的喜樂

從這岸到彼岸的上海大小姐

一九四八年坐上太平輪，與家人在台灣落地生根；二十多歲，坐上四川輪，離開台灣遠赴西班牙結婚。旅居西班牙的吳金蘭，一生中最大的決定，對她，都是美麗的航行。

長居西班牙馬德里的吳金蘭，童年在上海度過；父母親在上海有一間紡織品加工廠，用最新的紡織機織棉襪子，織出來襪子又輕又暖，成為早年的流行商品。一九四八年國共內戰逐次往南逼近，吳金蘭父母親帶著全家大小、機器，與工廠工程師、家眷，全部上了太平輪，她說那天海面上風平浪靜，天空一片碧藍，秋日和風清爽，她很興奮，「沒有去過台灣，香蕉、水果好吃咧！」

這一大家人初到台灣，在迪化街一帶落地生根。父親帶著工程師，把機器從太平輪船上拉回家，重新組裝，開始營運；工作人員都換成了附近的本地人或是來台灣的各地外省太太們，大家叫她「上海大小姐」！

這位上海大小姐在台灣唸完初中、高中，大學進了東吳大學第一屆法律系，還是與家人住在迪化街，每天活躍地過著大學生活。父母親經營的襪子廠，生意興隆，在她大學畢業後，還擴張到苗栗再開一家分廠，父親原意讓她去苗栗管工廠，但「年輕的我，哪有耐心呀！」，最後她還是尊聽父命，到了苗栗，不過家裡替她找了一份教書的工作，到省立苗中擔任老師，教初一、初二、高一、高二的學生。

她教什麼呢？法律人在高中並沒有適合的課可以教。原想教英文，可是學校裡已經有位老先生在教，鄉音特重的他，唸起英文搖頭擺尾，好像古詩詞老師唱水調歌頭。她只好教起代數、幾何，成為數學老師。

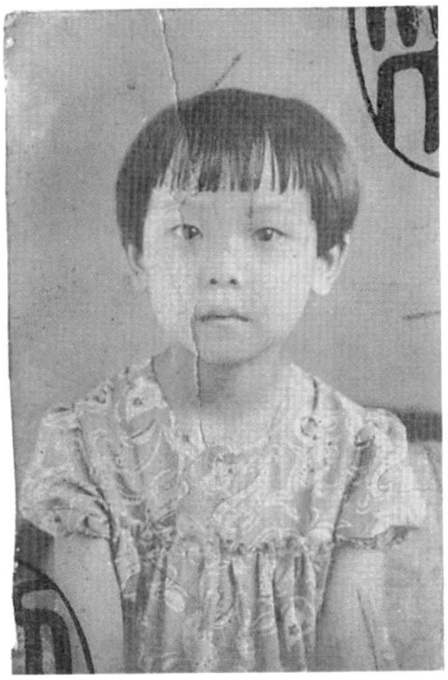

在上海時期，吳金蘭度過無憂無慮的童年。

苗栗教書，教到大明星

剛從學校畢業的吳金蘭個子小，學生站起來都比她高，也不聽話，逼得她說：不安靜，不發考卷！在苗栗省中教書，最讓人難忘的學生是唐寶雲，「很漂亮，又會跳舞。」「我常帶她到台北比賽、表演，兩人一起一個房間，很有話聊。」那時候戚維義也在學校教書，沒

坐著太平輪到了台灣，大家都叫吳金蘭「上海大小姐」！

事就請吳金蘭吃飯，藉機接近唐寶雲[1]。

「人家有意，我無心！」吳金蘭回憶起來，發現自己才是電燈泡。

教書時，宿舍裡有位教童軍的劉老師，常常一起在宿舍改考卷、看書。一天看見她桌上郵票好漂亮，「給我一張作紀念，好嗎？」「不行，這是我未婚夫的信。」

這位劉老師替吳金蘭介紹了在西班牙的留學生王鼎熹，是劉老師未婚夫的同學，一起在巴塞隆納的中餐廳工作。吳金蘭、王鼎熹開始當起筆友來。「西班牙郵票真好看！」

王鼎熹自台大經濟畢業就坐船到了西班牙，是台灣第一代留歐的留學生，平常還在一家中餐廳當經理。

在苗栗教書進入第二年，吳金蘭母親開始催她：「怎麼沒有男朋友？」「二十五、六該結婚了，不結會成老小姐了。」於是開始了每個月的相親之旅，從陽明山賞花到晚餐，從留美博士到準備出國唸書的碩士，每個月都有不同的約會對象。教書生涯第三年，吳金蘭覺得自己不能再留在台灣，壓力太大，於是一面申請到美國唸書的獎學金，一面與王鼎熹通信，進入彼此交換照片階段。王鼎熹知道她要出國，就鼓勵她到西班牙，並讓自己的父親到吳家去拜訪吳家媽媽，這兩家原來在上海還是舊識呢！

難以抉擇的吳金蘭，徘徊在去美國、還是西班牙？後來決定二週都不回信給美國的博士，也不回信給西班牙的筆友。結果美國博士只寫了兩封信來，而西班牙的王鼎熹，每三天就發封信，她決定去歐洲。

坐上大輪船，帶著新嫁衣

去西班牙前，她像採買嫁妝一樣，給自己訂製了幾件旗袍，買了許多故宮複製畫，裝滿了三大箱行李。在基隆買了二等艙船票，坐上四川輪出發往歐洲，同行的還有一位飯店廚師的太太與四個孩子。在香港停歇時，她又去買了一箱珍珠，還有餐廳會用到的冬菇、木耳……六個人帶了近二十件行李，船在海上航行了三十二天，最後在法國馬賽港上岸。

船靠岸，王鼎熹帶著吳金蘭的相片，上船認人，並帶她認識這個地中海著名港口。逛街時，看見漂亮的衣服、精緻的香水或化妝品，吳金蘭把臉貼在玻璃窗前，認真地想多看兩眼，但王鼎熹找她去喝咖啡，「可是從來不叫蛋糕，心裡想，這男人好小氣呀！」事後想想，留學生窮，怕看多了奢侈品，沒錢買，只好喝咖啡去！

在馬賽第三天，王鼎熹就向她求婚：「嫁給我好嗎？」

「求婚？跪下來呀！」

大馬路上，她問王鼎熹：「真的要娶我嗎？」
「這裡中餐廳的錢老闆，再三叮嚀我要把握機會！訂完婚再回西班牙。」
「給我二十四小時考慮！」吳金蘭見到這個男人才三天，她還沒準備好。

地中海的藍天白雲，路上走動的愛情，讓大家都醉了。
「可是這男人與信中感覺一樣，忠厚老實，正在唸博士班，人也很誠懇。」
第二天，吳金蘭說：「可以買蛋糕了！」他們在馬賽訂婚，再一起坐火車到巴塞隆納。訂完婚後，他們才開始談戀愛。

在西班牙生活四十多年，他們成了西班牙的僑領，王鼎熹是國內少見的西班牙經濟通，寫過幾本有關西班牙、葡萄牙文化與行政比較的著作，也曾當選過僑選立委。

吳金蘭在西班牙創辦了中文學校、許多女性社團及商會組織，也擔任佛光會在西班牙的發起人。去年王鼎熹辭世，吳金蘭回首，自己是多麼幸運，沒有受到戰火波及，又因為太平輪平安抵達台灣，讓他們一家躲過國共內戰，躲過了死亡陰影與可能離散的家庭慘劇，仍可團聚；而在風華茂美的年輕歲月，又幸運地帶了自己的嫁衣，坐上四川輪航行到歐洲，嫁給從未謀面的陌生男人，在西班牙過了後半生。

兩次遠航，兩次的生命航行，帶給她的是感恩富足的人生！年過七十，她仍如地中海熱情的陽光，絢麗多彩，在生命舞台旋轉，永遠有用不完的精力，「比起同個時代的人，我真的很幸運！」

1 唐寶雲，早年以《養鴨人家》、《我女若蘭》、《婉君表妹》、《寂寞的十七歲》……等電影走紅影壇。戚維義是她的老師，這段師生戀曾轟動一時。兩人相識八年後結婚，十三年後離婚，唐寶雲於十年前過世。

孫十八的十七歲

〔孫木山〕

風大浪大，好像坐在木盆裡

「船很大，浪也很大，船身搖得很厲害。海是深藍色，夜裡沒有月亮，也沒有星星。」

「我在船艙裡想吐，就到甲板上吹風，在船長室裡的大水壺倒茶水喝，船長很喜歡我。」

一九四八年，孫木山十七歲，坐太平輪到台灣。

還沒到台灣之前，孫木山從來不知道台灣是什麼樣子，也不知道這裡四季如春；從小生長在東北，祖父是張作霖東北軍的重要將領，在張作霖的回憶錄中就寫過孫木山的祖父。

跟著家裡長輩一路從東北到上海，共產黨一路向南走，家裡就往南方逃。那天晚上，孫木山與家裡長輩及佣人一共七、八個人，帶著簡單的行囊上船。「船上擠得像豬舍一樣，我們沒有客房，全家擠到通鋪的小角落，通鋪都臭了！」

波濤翻滾的浪花，讓不適船行的人難以忍受，船艙都是暈吐的氣味，孫木山永遠忘不了船

孫木山（上排左一）擔任空軍時的全家福。孫安福（下排左一）整理。

艙裡那陣陣令人作嘔的腐臭。白天的大海是深藍的，很少船行過，他寧可在甲板吹風，偶爾下艙看看家人。他說船超載，行進速度慢，以大約六海浬的速度前行，整艘船像個大木盆般在海上漂流，灰濛濛的天，沒有雲。

他曾在個人部落格上寫著：「不是裝人的船，不適合卻又在逃難的時候有用；航行時，似堆磨般搖，貨艙擠滿人吐出酸腐氣味……令我隨時可聞到。離開大海浪僅數尺之遙，深藍大海波浪喧天，印痕深刻。」

「再航行時……撞沉了！」

「那時家人逃啥？不是活不了，單一目的……家父已經在台灣任職，誰也分不清啥船？能去就行，居然到了基隆。」

他也提及：「逃難為了存活，卻在戒嚴黑暗中，駛在舟山群島，充滿暗礁，無航行下，撞沉了，千餘人淹死[1]。」

在海上過了兩個暗夜，清晨，終於看見基隆港土地；小販把香蕉挑上船，孫木山一眼看見賣香蕉的小販，立刻拿一個銀元換了一大串香蕉。「當時銀元多大？反正有多少吃多少，以前在東北、北京香蕉多珍貴，現在看到一大串，吃啊！」十七歲的孫木山餓了幾天，津津有味地吃著來台灣的第一口美食。

爸爸開著黑頭車來港口，把大家帶回台北的家，一幢日本宿舍，全家擠在一起團聚了。有著院子、榻榻米的房子與北方大院，是完全不同的生活；十七歲半大不小該唸書的年紀，還想著過兩年就反攻大陸了。

東北—北京—上海—台灣，「走」出來的逃難生涯

孫木山說：「我是一輩子沒好好唸過書。」祖父當年退了軍職，在天津投資銀行；他在北京生長，長大被帶回東北受教育，小學時候日本軍占領東北，學校有日本老師常打他，「他打我，我就打他兒子。」一打架，家裡就得給他換學校，印象中，小學都給換光了。

共軍打進營口，全家住在陳家花園，第二天他騎著腳踏車上學，路上看見一堆軍人屍體，被疊起來放油燒[2]。

記得當年，共產黨軍隊一晚上要行軍一百一十哩，進了城來，還到院子裡要雜物。

那年冬天，滿地白雪的清晨，口一哈都是寒氣，國民黨軍隊與共產黨再度激戰，又收復了營口，他再上了兩天學。沿著鐵路邊上，國民黨軍隊把屍骨堆起來，棺木板一鋪，「狗在啃死人骨頭呀！」當時還是中學生的他，到今天都記得戰爭的殘酷。「無聊，該爭的，看不見，不懂可是殺自己人？」

坐著太平輪到了台灣，孫木山在投入軍校前與家人的合影。小弟孫安福（右前二）說：「大哥是我的英雄！」

逃難潮開始，他擔心家人——奶奶還在北京。他與弟弟妹妹及家裡一些長輩，順著人潮往南走，背著小布包，靠兩條腿走路，遇上馬車，就跳上去坐一程。走了一、二天，沒有東西買，還到農村去乞討幾個饅頭餬口。人潮一路往南走，東北的橋都被炸毀了，剩餘半截橋身掛在河岸，大家全掛在炸毀的橋上搶著過河，天冷，不小心就會掉進水裡。「大家掛在斷橋上像小螞蟻！」孫木山第一個爬上去，再帶著弟弟妹妹，一步接一步跟著人群走，只想快快到北京看到爺爺奶奶。

到了北京沒多久，共軍持續南進。一九四八年十一月二十九日，平津戰役拉開序幕，孫木山與家中長輩再度南下，到上海衡山路投靠了外公、舅舅一家，上了滬江中學。「大家都說上海話，我不懂，糊里糊塗就到了台灣。」

也不知誰買的船票、票價多少？上海亂了，只想快去台灣找爸爸吧！就搭上了太平輪。戰亂時他沒唸過幾天書，到了台灣，十七歲，跟著父親住日本宿舍，天沒亮，太陽沒出來，戰鬥機在天上飛，他一張開眼就聽見戰鬥機飛過，好神氣！

恰巧空軍官校招考新生，他想反正自己喜歡飛機、體格健壯，就決定唸軍校了。

唸軍校，當上F—86戰鬥機飛行員

當時軍校半年招考一次，考上後，他到屏東大鵬灣，剃個大光頭、寫好遺囑，六個月受訓後，就正式入伍。唸軍校，學飛戰鬥機，第一回拿了薪餉回家，告訴家人，「買菜吃吧！」

任軍職期間，他有機會了解，原來早年搭乘的太平輪，是二次大戰的運輸船，是美軍為二次大戰戰備補給使用，完成任務後就被擊沉，並不作為主要的客輪，早年還是以廢鐵名義，賣給戰後的中國船公司。據他了解，這些船在二次大戰期間，被德軍擊沉很多艘，製造過程是依

孫木山飛 F-86 戰鬥機，是位神氣的空軍。

標準規格建造，只要有單層船底，配上引擎就能航行[3]。而他搭乘的太平輪，已經是改裝過後、有三種等級的船艙。

他說，自己上了船、考上軍校、畢業、成為F—86戰鬥機飛行員，當起神氣的空軍，人生從此不同。論飛行技術，他一直是部隊裡的一把好手，早年創下許多傲人的飛行記錄，「從小我拿他當英雄。」他的小弟說。「他的打架技術，與飛行技術一樣棒！」

退役後，台灣正逢一九七○年工業發展的年代，他順勢開了工廠，賣產品到美國的大百貨公司，生活無虞；也曾到東南亞工作，買了飛機當貨機，自己開，在二○○○年回台灣之前，曾經遊走美國各州。

繞了大半個地球，孫木山覺得，還是台灣最方便、舒適，也最簡單，自己住個公寓，一張床、一張桌子，出門是公車站、捷運站。

繞了大半個地球，孫木山在台北寫下他的戰爭記憶與往事。

在台北，他喝咖啡，走過對街，閒適的看報、曬太陽，這些年他迷上網路，在聯合報開了部落格，寫戰爭記憶、寫人文，寫他動人的愛情，署名孫十八，「木頭的木，拆開來不就是十八嗎？」

白髮、白鬍子，走路挺拔，談完太平輪，他說：「我的愛情故事才精彩哪！」台北溫暖陽光，斜斜落入咖啡杯裡，映出金色黃昏。

1 見孫十八部落格http://blog.udn.com/standmood76/2610528

2 一九四八年九月十二日開始，同年十一月二日結束，共歷時五十二天。林彪、羅榮桓指揮中國人民解放軍東北野戰軍，以傷亡六點九萬人的代價，消滅及改編國民革命軍的一個剿匪總司令部、四個兵團部、十一個軍部、三十三個師，共四十七點二萬人，並占領了東北全境。國民黨東北軍總司令衛立煌敗逃，副司令被俘，國民黨軍隊折損將近四十七萬人。當時東北是全國唯一一個共產黨軍力超過國民黨的地區，所以中國共產黨把決戰的第一個戰場選在東北。
孫十八陳述的逃亡路線，由於部分北寧鐵路為解放軍所控制，長春、瀋陽通向山海關內的陸上交通已被切斷，補給全靠空運，物資供應匱乏，他們是順著大量逃亡潮往南行。

3 有關太平輪船身，詳見本書〈大時代的流轉〉。

〔劉費阿祥〕

新嫁娘的半生姐妹情

抱著孩子換船票

十多年前在報社工作的場域，遇見劉費阿祥。總是帶著春天一樣的笑容，長年穿著精美的旗袍，她是扶輪社在台灣的第一位女性發起人，也常常領著工商婦女會的女性創業者，四處南征北討，讓世界各地看見台灣女性在經濟發展上的傲人成績。

「那時候要逃難啊，我才二十一歲，抱了剛出生的小孩多不方便，張太太熱心地幫我換了船票，與她同個船班，我才沒坐上那艘沉下去的太平輪，她是我的救命恩人。」六十年過去，想起當年，劉費阿祥總會眼眶一陣泛紅。

一九四七年，劉費阿祥第一回踏上台灣的土地，與初到台灣的朋友共六戶人家合租住家，浴室、廚房都是公用，矮小房舍裡常滴雨；丈夫就作些小生意，賣棉織品、酸筍等民生用品維生。生意穩定後，因劉費阿祥的母親重病，她抱著才出生的大兒子回老家照顧母親；直到一九

劉費阿祥換了船票，幸運地逃過一劫，在台灣創立了她的鐘錶王國。

張孫美娟當年替劉費阿祥換船票，抱小孩，兩家成為一生的好友。

四九年共軍攻陷北京，時局吃緊，南方人人自危，她抱著還在襁褓的大兒子，賣掉上海住家的家具，換成金圓券[1]，好不容易搶到一張一月二十七日的太平輪船票。朋友說：「一個人帶著孩子多辛苦，我們一起走有照應。」好心的張家夫婦幫她換了票，比二十七日早一班的船期，一起到了台灣，開始了人生的下半場，也幸運地逃過一劫。

在洛杉磯的老人公寓裡，見到了劉費阿祥常常掛在口中的恩人張孫美娟。「說是恩人，我不敢當，只是一起出來逃難，互相照應。」張孫美娟回憶：「我才剛拜過堂進洞房，第三天就上了太平輪。婆婆說，哪有新娘子一結婚就離家出遠門呢！我先生硬拉著我上船。」八十歲了，張孫美娟還記得，婆婆要求她在上海老家住上五、六個月，再到台灣。

「還好我上船了，幾十年後再相見，大家都老了，哪裡還有情分呢？」一九四九年一月中上船，披著鳳冠霞帔拜過堂的新嫁娘，就到了南方的島嶼。船艙擁擠，空氣裡瀰漫著來自大江南北的汗味、體味；劉費阿祥與張孫美娟擠在大通鋪，緊緊抱著孩子，「一放下就哭了，我們只好輪流抱，不敢闔眼。」

張孫美娟來台灣後的全家福，有兩名女兒及兩對雙胞胎。

初到基隆落腳

坐了三天二夜的船，到了台灣的基隆港，他們兩家人就此長期在基隆落腳。鄰居都是基隆本地人，看劉費阿祥一個人年紀輕輕，要帶孩子又要熟悉環境，全都伸出援手，帶她上市場買菜，教她燒煤球、說台語；初期指著桌子、椅子、茶杯比手劃腳，四個月後她學會了用上海腔說台語，只是很不習慣基隆的雨，「濕濕答答，尿片晾在屋裡不乾，只好一面燒煤球一面烘。」

「我們都住在山邊，一共五戶擠在一起。」張孫美娟記憶中，大家日子過得都不寬裕，感情卻特別深濃，互相照應孩子，一起分享家鄉口味，共同適應忙碌的新生活。

日子久了，他們的家庭都增添了人口：張孫美娟生了六個孩子，其中四名是雙胞胎；劉費阿祥也陸續生了幾名子女，各自為生計奔忙。當年的台灣，依賴美援過日子，全民所得不過幾百元美金，大家都忙著張羅三餐、餵養子息。

劉費阿祥與丈夫在上海結婚後，戰火逼近，他們選擇到了台灣。

過了幾年，劉費阿祥與丈夫的棉織品生意有些收入，在基隆買了房子，開起一家小小的當鋪，小孩陸續出生。三十九歲那年，基隆船運興隆，滿街都是水手、船員，街上都是各式各樣小小的、賣舶來品的店面。五〇到六〇年代，這樣的小店有近兩百家，她順應潮流，結束了當鋪，開了一家四海唱片行，賣些流行的唱片。沒有光碟、卡帶的年代，黑膠唱片還是個時髦行業呢！為了生意，她常常一面背著孩子，一面到街上碼頭向下船的船員兜售黑膠唱片，雖然生意好，卻也常常收不到錢。

走賣生涯到鐘錶女王

當年，基隆幾乎是委託行的天下，他們的唱片行卻常有人拿了唱片不付費。沒多久，唱片行營生陷入困境，她帶著幾個孩子，擔心生意、欠債，身體也累壞了，心臟、肝臟都相繼出現問題；醫療不發達的年代，她哭求上帝讓她活下去，孩子還年幼，她不能這樣就走了。誠心感動上天，她漸漸恢復健康，也正式受洗成為教友。開始讀《聖經》前，她並不識字，藉著讀《聖經》，她開始有了信仰，也打開了她人生的另一扇窗，認識了全世界。

初到台灣，小孩陸續出生，劉費阿祥走入另一個人生。

四十歲時，一位船員託劉費阿祥賣手錶，她拎著菜籃，到台北市的委託行去賣，成功地賺了幾十元，也開啟了她的創業之路；大家都說她怎麼賣這麼便宜，她卻認為有賺就可以了。後來她逐次建立了自己的鐘錶王國，也成為浪琴錶在海外市場合作最久的經銷商。九二一大地震那年（一九九九年），她還捐出五百只手錶義賣。子女們接下她的手錶王國，目前成為代理十幾家國際名錶的代理商，她也被後輩封為台灣的鐘錶女王，一直活躍在台灣的工商界，還發起了台灣第一個女性扶輪社團。

三代恩情

隨著環境轉變，劉費阿祥與張孫美娟，在人生後半場各有不同的際遇。劉費阿祥一直活躍在工商界與社交圈，張孫美娟則隨著子女到美國安享晚年，不變的是劉費阿祥只要到了美國，一定會帶著全家大小三代，拜訪她家的救命恩人。

走出洛杉磯的老人公寓，「我不是恩人！」張孫美娟再次強調。她回憶，如果她們搭上最後的太平輪，人生就會改寫，卻因為改船票而逃過一劫，也平順度過人生歲月，「我們都非常感恩。」因為逃過最後一班太平輪而結緣，從上海、台灣到美國，她們特別珍惜這段持續了近六十多年的情分。

1 國共內戰期間物價飛漲，國民政府發行面額大的貨幣，希望抑制通貨膨脹，結果失敗。

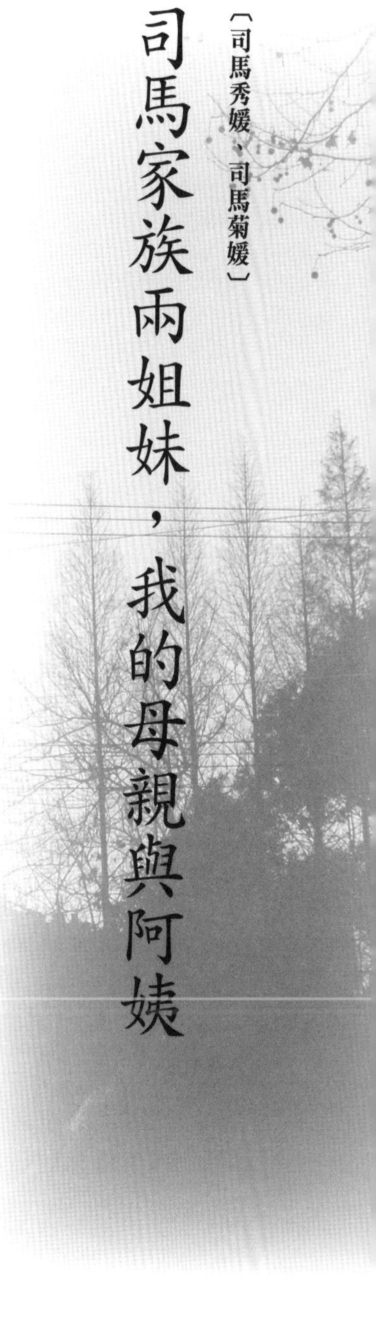

司馬家族兩姐妹，我的母親與阿姨

〔司馬秀媛、司馬菊媛〕

我家的太平狗

童年，對家中的記憶是，父親用客家話教我唸「月光華華，細妹煮茶，阿哥兜登……」，媽媽打開留聲唱盤，沙啞的男聲唱著：「青春的花是多麼的香，少年的我是多麼的快樂……」冬日果園落了一地的葉子，沒有電視，沒有娛樂的童年，父親在昏黃燈下讀書、寫作，母親說：「別吵他！」拿一籃毛線，為我打毛衣，一面為我說著她的故事：「那時候，要上船了，我拎了一個隨身箱，抱二條狗，我喜歡狗，不能把牠丟下海呀！」母親說著逃難的故事：「太平輪沉了！還好我沒坐那班船，我才能坐在這裡！」母親順手拿起毛衣，在我身上比劃，聲音平靜地，像是說著別人的故事。

隨著歲月增長，太平輪、上海，依舊是母親的回憶；年事尚輕的我，很難體會母親的心境。在她的百寶箱裡，一張張黑白照片：英俊的外公、穿日本和服的外婆，還有坐太平輪從上

司馬秀媛盛裝坐在苗栗果園，腳邊是一起搭著太平輪來的狗。

海逃到台灣的狗照片。我記得我叫那二隻狗太平狗，因為牠們是母親拚了命抱著、擠在太平輪船艙中，一起逃難出來的，後來終老在苗栗的葡萄樹下，母親還給牠們打毛衣，那時候她沒有孩子，狗就是心肝寶貝。

「我以前出門逛先施百貨，都有司機提貨唷！」我小小的腦袋中，很難將母親的司機，與她餵雞的樣子聯結起來。忙碌農事中，記憶中的母親仍常常一面「團草結」（客語：捆樹枝草結等作為燃料），一面講著上海舊事，腳穿靴筒（客語：雨鞋）踩在泥濘果園中。我並沒有看出她和一般客家女性有什麼不同，戴上笠嫲（客語：斗笠），隨父親在果園包水果，說客家話，坐客運上街買菜，蹲在廚房的水溝刮魚鱗。

陽光燦爛的季節，母親搬張板凳，教

我用上海話唸童謠：「來發！來發！來了！來了！棉紗線拿來！」簡單唱腔唸軟軟的上海話，乍聽像極了唱歌，竟是我長大成人後，最熟悉的上海童唸了。

七〇年代，在台北讀世新。戒嚴的時代，與同學在學校辦雜誌，聽演講，看黨外雜誌，母親不脫白色恐怖的陰影：「別給人捉去關唷！」住在苗栗果園裡，三天兩頭被國民黨查收音機的恐怖記憶仍未消失，「他們懷疑我們是匪諜！」在處處保密防諜的年代，像父親這樣的經歷：到過大陸、日本與新加坡，最後回家鄉當農夫，又娶了上海太太，也難怪常常有人來關心，查查收音機是不是與共匪聯繫的接收器？翻翻書架有沒有禁書，檢查與誰通信……直到我唸小學，家裡還常常坐著西裝筆挺的陌生人，陪我們過一天。母親擔驚受怕了許多年，都不脫這樣的陰影，不過我年少時看的黨外雜誌，她讀得比我更仔細。

八〇年代的上海舊居

後來我投身傳媒工作，正是台灣社會、經濟快速飛躍的年代，母親很少再提上海。直到政府宣布開放大陸探親，母親拿出發黃的地契及上海的地址：「有空去跑跑吧！」當時在報社工作，趁機會去大陸玩了一圈，最後才到上海。當年的虹口機場，廁所沒有門，一條茅坑，滿地蒼蠅群舞；一街的腳踏車，昏暗的毛裝，哪裡是書中十里洋場的上海呢？

走過母親的學校——中西女中，桃江路小洋樓，門口的普希金銅像，一一拍了照。回到台

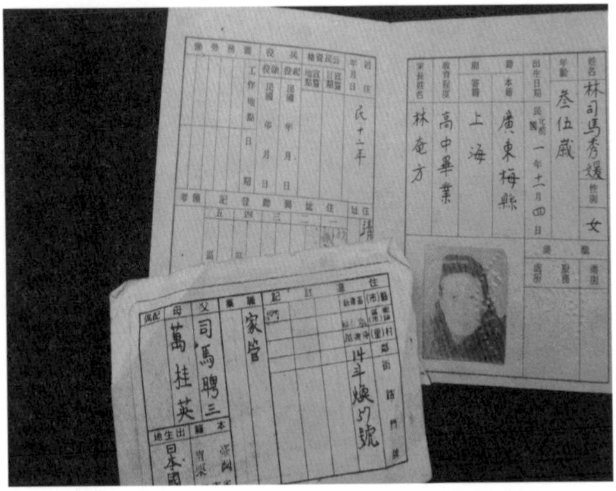

兩張不同年代、不同時空的身分證，是上一代人的宿命。

灣，母親一看，痛哭失聲，「這都變成共產黨的了！」問她想回去看看嗎？她說不用了！怕難過。在兩岸局勢丕變的年代，經過文化大革命的清算鬥爭，洋樓被收為公家財產，還被烙上漢奸的印記，她的兄弟受不住煎熬，在黑牢裡上吊身亡。八〇年代後，表兄從上海到了台灣，他說：「其實那時候熬一熬，日子也就過了。」

後來母親將身分證從原籍江蘇鎮江，改為台灣苗栗，「我住台灣時間比上海久，我不是大陸人了！」她用客家話說「倕係客家人」，很多年，她幾乎不太說上海話了，不過到了台北，還是喜歡吃鼎泰豐的小籠包和雞湯麵，在家裡她的梅乾扣肉是很道地的。

二〇〇〇年十月，她離開人世，我整理她的遺物，從苗栗老家運回父親與她的舊桌子，打開上鎖的抽屜，發現了她與父親民國三十五年的上海身分證；一本記事本，上面記滿了上海時光，與剛到台灣的通訊錄，娟秀的字體細心記下每位朋友的聯絡方式，愚園路、淮海路、金神父路、戈登路……都是她年輕歲月的生活地圖。

而這些電話卻是永遠也撥不通的號碼，在一九四九年後。

從上海小姐到客家村的農婦

二〇〇四年我離開行政院客委會的工作，陪著兒子在美國唸書，帶了一些資料，準備要寫母親的故事，也整理出一張張父母親年輕歲月的拼圖，開始想寫些他們那個年代的記憶。司馬菊媛是母親的妹妹，在我印象中，她是常常給我寄好吃巧克力、寄芭比娃娃的紐約阿姨。她與母親都在日本度過童年，中學後回到上海法租界區，唸嚴格的教會女中——上海中西女中。外祖父司馬聘三原籍江蘇鎮江，是司馬光家族後代。年輕時膽識過人，靠著一口流利的日文、英文與金頭腦，成為成功的糖商。外祖母有日本血統，中文名字萬桂英。一九四八年十二月局勢動盪，外祖父才過世不久，舅舅決定留在上海，讓外婆、母親、阿姨與舅媽等女眷先到台灣，那時父親已到台灣，在北門台北郵局邊成立了貿易公司，持續接下外公的貿易生意，想做日本、上海、台灣的多角貿易。

父親是苗栗頭份客家人，早年因為不滿日本政權高壓統治，游泳偷渡輾轉到了大陸，投靠康有為門下，成為萬木草堂的弟子。之後考上中華民國政府第一屆外交官特考，曾派駐日本與新加坡，當時他改名換姓叫林奄方，身分證是廣東人，母親一直以為自己就是林太太，到了台灣，才曉得父親原來姓張，是台灣客家人。「如果不來台灣，我還一直被妳爸爸騙，以為自己是林太太呢！」不過她也會嘀咕，到了台灣，父親又改回張姓，她也變回張太太了，「我的朋友還以為我改嫁了。唉！」

母親回憶，在基隆下船後，她們就被父親安頓到台北青田街的日本宿舍。穿和服的外婆，倒是很習慣在台灣的生活；阿姨就到迪化街的貿易行去當翻譯，她的英、日文絕佳，一直都是職業婦女。那時她們常常坐著三輪車，去延平北路買東西。當時的台北城，望去都是矮矮的日本房舍，街上大家多穿木屐拖在地上，喀吱喀吱響。

春天了，一家人趕著花季上陽明山賞花，或是浩浩蕩蕩去阿里山、日月潭，認識這座溫暖而美麗的島嶼。一九四九年五月，國民政府倉皇來台，共產黨正式進駐南方，舅舅來不及到台灣，上海公司匆匆結束營業，台北的貿易公司頓失靠山，父親想帶著母親回到老家——頭份斗煥坪種田，阿姨、外婆、舅媽決定仍留在台北。

柚子花香的酸甜時光

阿姨說當時鄉下生活多荒涼，她捨不得母親從十里洋場到苗栗，「之前我們哪知道哪裡是苗栗呀！」母親是傳統女性，嫁雞隨雞，嫁狗隨狗，坐著運煤的台車，跟著父親回老家當客家媳婦。父親找工人自己蓋房子、整地，開始要種果樹，阿姨與母親就和剛種下的葡萄樹合影。初到台灣的春日，她們笑得很開心，一臉遠離了戰亂的平靜，聞到了甜美與幸福的滋味，空氣中有柚子花香。

當時台灣社會生活困苦，不久阿姨找到一份在香港的工作，擔任中國船運公司祕書。外婆與舅媽也決定回日本去定居，順便等舅舅從上海出來，畢竟她們對日本比較熟悉。從此這一家就各奔前程。

母親跟著父親到苗栗客家庄，脫下上海小姐的光環，學種水果、剪枝、鋤草，在荒蕪果園中，與父親相依為命，過完了她的下半生。儘管生活不如上海優渥，但是母親甘之如飴。

極具語言天分的她，後半生以客語為主要語言。自我懂事後的記憶裡，家裡的生活是客家式、上海式並存：早餐要喝咖啡吃土司、炒蛋，即使再困頓，家中少不了紅茶、咖啡與奶油；每隔一陣子，她要到新竹找揚州師傅做旗袍，週六或是週日她換上旗袍，畫上細細的眉，拎著我的小手去看電影。她是我的電影啟蒙者！她說在上海時，外公就常帶著他們全家去戲園子聽戲，年少時，常常看到梅蘭芳來家裡喝茶、談戲。不過她更喜歡看電影，卓別林、希區考克、〇〇七……的電影都是母親帶著我看。也因為母親，很早就為我推開了世界電影的大門。

遠離了戰亂，司馬秀媛（右）、司馬菊媛（左）在苗栗頭份果園，留下了初到台灣的身影。

擅長說故事的她，常常拿出當年坐太平輪的那口箱子與細軟：幾件上好的絲絨旗袍，外婆送的幾件首飾，一些美麗的繡花桌巾，幾只唐草咖啡杯，外公留下的懷錶，一打她與父親結婚時的銀器，「要逃難，家中的骨董全帶不走。」幾條縫在小布袋裡的金條，是保命錢，還有一部一二〇的老相機，開啟我日後迷上攝影的三十年時光。她形容，當年的太平輪一票難求，得靠關係買，行李不能帶太多，大家只得挑些簡單細軟隨身帶走，她隨手帶了一些日用品，就匆匆上了船。

船遊走在黑暗海洋，船艙裡都是難民，擠得滿滿的人，大家都沒有到過台灣，不知道台灣長什麼樣子！她就在船上晃著，兩夜沒闔眼，直到靠岸。曾經陪她看電影《滾滾紅塵》，她一面看一面掉淚，想起她在上海搭船的光景。而張愛玲小說中的上海，也是母親讓我了解上海的進階讀本。

紐約—台灣

阿姨離開台灣，到了香港的中國航運公司，沒幾年，又被調往紐約，擔任船業大亨董浩雲的祕書；直到退休，她都住在紐約上城二十二街的公寓裡。六〇年代的台灣，一切尚在起步，美援、越戰影響了台灣這座島嶼，外銷經濟取代農業社會，我們的果園漸漸凋零。

阿姨活躍在紐約職場，一張張在紐約的照片，自信亮麗的笑容，開展了她多彩的人生。九〇年代，她特地回到上海看看老家：在法租界區的桃江路一號，少時記憶的普希金銅像，童年與母親走過的公園，常去逛街的鬧區。二〇〇五年拍攝「尋找太平輪」紀錄片時，再回去那幢

司馬菊媛從上海－台灣－香港，在紐約展開她多彩的職場生涯。

房子，裡面辦公的人回憶說：「那位太太頂氣派的，到處看看，說我們這房子都沒什麼變。」

退休後，阿姨就像候鳥一樣，定期往返美國、台灣與我們相聚。母親過世前些年，是她們姐妹倆記憶中最美好的時光：攜手去吃鼎泰豐的小籠包與雞湯麵，一起說著上海話，在山上散步賞花，坐在客廳，聽我的女兒彈琴。這也是繼一九四九離開上海及分隔美國、台灣幾十年後，她們共享親情的美麗時光。

母親與阿姨大概也想不到，隨著經濟起飛，兩岸環境丕變。她們記憶中的舊宅，附近成為熱鬧的餐飲區；走過去一百步，是白先勇故居，現在是台商經營的寶萊納餐廳；再幾條街就是太平輪失事罹難者之一——音樂家吳伯超教授曾經任教的音樂學院，隔壁還有戴笠故居改成的餐飲空間……母親懷念的淮海路，在經濟洪流下，已是上海最夯的小資情調好去處。

上海舊夢已遠

記得去拍紀錄片那天，上海只有攝氏一、二度，冷風凍紅了雙手。一路仔細地從客廳、房間慢慢走，數十年不變的樓梯、走廊、屋角；從母親的舊樓望去，藍天、枯枝、蕭索冬

上海老洋房依舊在，曾經家大業大的宅院，燈火已暗。

日，一幢幢小洋樓，蒼老褪色的屋頂隱約露出曾經有過的紅瓦。我想著母親要搭船那天，是不是也曾這樣抬眼眺望過窗外呢？

我在窗台靜靜地站了許久。

多年後，按照客家人的習俗，將母親與父親的骨灰一起放進張家祖墳，堂兄們早早清理好父親與母親在宗祠中的位置。堂兄拿著毛筆，在張家祖譜上寫著：來台祖第十七世張氏司馬孺人。孺人，一個來自古代對客家女性七品夫人稱謂。

從上海到台灣，終老於客家村落。從登上太平輪的那一刻起，母親遠離了上海，即使日日思念、在人生後半場絲毫沒有忘情上海舊事，她卻最終都沒有再回去看上海一眼。

她成為張家在祖譜上的印記——在除籍戶口中，張司馬秀媛，台灣苗栗人。

〔戴綺霞〕

絲竹曲藝，順風順水的綺麗人生

漂洋過海的戲劇人生

一九四九年前後，隨著國共戰爭動盪，台灣湧入各省菁英，也帶來了一批京劇表演藝術人才，戴綺霞就是這樣，在台灣落地生根，演戲演到九十歲，至今還在老人院裡，教老人們票戲，粉墨登場。

她常借用〈打漁殺家〉的台詞——「生在漁家，長在漁家，不叫我漁家打扮，要如何打扮呢？」「這種決心也決定了我九十年的戲劇生活。」

一九四八年底，戴綺霞領著舅母、妹妹、伙伴、一群徒弟，以及大大小小的行當、戲服、道具，從上海出發到台灣演戲去，「我們一行人同乘太平輪，一路順風順水地平安到達基隆碼頭。」

她記得他們坐船來時，風平浪靜，大家都很期待這趟台灣行；戴綺霞之前在大陸，已跑過大江南北，參加過江南「水路班」，家當生活全在船上。晚上大家休息了，只有船夫搖槳，第二天到了目的地，只管搭台唱戲。

在基隆下船，新民戲院負責人領著工作人員，雇了一台大巴士來接人；全部團員都安排住在延平北路的新民戲院三樓，四面有窗，通風敞亮。他們上台從〈天雨花〉、〈紅娘〉……開始演出，當時台灣光復後不久，才重新開始邀大陸名角來演出，賣座很好。

一九四九年春節起，戴綺霞正式掛牌演出。當時的新民戲院[1]位於「太平町」的熱鬧街頭：蔣渭水開業的大安醫院，二二八事件發生現場的天馬茶坊，粉味十足的江山樓、黑美人大酒家，一排排金飾店、銀樓……打造了熱鬧的太平町。

在新民戲院連演了三個月，戲團老闆突然拆夥，戴綺霞與團員商量，如果拆夥，大家生活

帶著戲班成員、大批行頭，戴綺霞在台灣，奉獻戲劇人生。

戴綺霞五歲開始學戲，十七歲登台，走遍大江南北。

立即沒有著落，連回大陸旅費都有問題，於是成立了「戴綺霞劇團」，一路到中南部演出。

為了增加劇團吸引力，她還力邀大陸麒派[2]傳人——專攻老生戲的徐鴻培一團到台灣。可是在中部，他們賣座不如預期，二度來台的徐鴻培一團，就先回上海了。戴綺霞帶著劇團，繼續往南行，到了台南「全成戲院」演出，賣座不差，還得到台南議員許丙丁[3]的熱心支持。許丙丁生長在台南，多才多藝的他，當年還曾粉墨登場，與戴綺霞劇團成員同台演出，表演〈四郎探母〉及〈紡綿花〉等戲碼。

留守台灣，開枝散葉

那年共產黨一路攻破上海，四月南京失守，五月上海解放軍入城，國民政府退守廣州，台灣大量湧進大陸各省民眾，通貨膨脹極其嚴重，物價日日飆高，娛樂行業也受波及。她苦撐一個月，但是一個團有近六十個成員，每天開門就是吃、住，旅費開銷頗大，光靠賣座無以為生，即使拿出首飾變賣，也無法挽回劇團營收，她只好忍痛解散劇團。

戴綺霞劇團成員，保留了京劇原味，許多劇校演員都是她的學生。

團員有些回台北，有些決定回大陸，有些則

戴綺霞參與電影演出的劇照。

參加了顧正秋的劇團。許丙丁議員好心替她們一家在台南找了安身處。不久她再回台北，與顧正秋二姨[4]聯絡，也到永樂戲院登台，但是唱沒多久，她突然身體不適，暫時休息養病。養病期間，戴綺霞一度有意回上海，時局已經混亂，大陸與台灣的來往逐次封鎖，她決定留在台灣。

那一年，從大陸到台灣的梨園子弟越來越多，蔣介石帶來六十萬大軍，遍及金馬台澎，王叔銘將軍固守舟山群島時，戴綺霞還曾與許多名角到舟山群島勞軍。一九五〇年，舟山群島大撤退。

一九四九年前後，大量移民潮進入台灣，軍中逐漸成立劇團。五〇到六〇年代幾乎是京劇在台灣的全盛期，大小劇團林立。他們帶來了大陸原汁原味的表演方式，也在台灣本土的歌仔戲、布袋戲、南管、北管……外，增加了多元的戲曲風貌。

五歲學戲，戴綺霞說自己從娘胎裡就聽戲，外婆、母親都是戲班演員，父親則是位大戲迷。小小年紀的戴綺霞，每天清晨五點起床，吊索、練掛腳、雙蝴蝶、拿鼎、學習毯子功，翻滾跌撲，加上喊嗓、跑圓場，扎扎實實地練功夫。十七歲那年，她到上海正式登台，一路從上海、蘇杭，到天津、漢口、北京、青島，都有她演出的舞台。

台灣光復後，有些戲院流行到大陸邀請名角來演出，當時新民戲院老闆遠赴上海邀請戴綺霞到台北演出，搭上太平輪；這群京劇演員，就在台灣開枝散葉，其中有演員沈海蓉的父親沈連生，後來到電影圈發展的陳慧樓……同行的演員、文武場也在台灣教出許多梨園子弟。

自費出版的傳記，紀錄了精彩舞台風華。

綺麗舞台

五〇年代，戴綺霞也曾演出電影，甚至參與台語片演出。一九七五年她應聘到復興劇校授課，從文武花旦到玩笑戲，她最為人稱讚的是蹻功[5]。她說傳承是最快樂的事，明華園當家花旦孫翠鳳，也曾向她拜師學身段。一九八三年，她成立了戴綺霞

九十歲演出封箱戲，是台灣菊壇盛事。

國劇補習班，從上班族教到中學生，年年都有海內外公演。

二〇〇三年，她住進養老院，天天與青山綠樹相望，日子悠閒自在。可是她從不閒散，清晨起來，誦經禮佛，早起練功，雲手三十個，踢腿五十下，在老人院裡還成立了「高齡國劇團」。去年九十歲，戴上十公斤行頭，演出穆桂英，是台灣菊壇盛事。

那天訪問她時，她一早梳洗打扮，精神奕奕地與我們談天，記憶力極佳的她，儼然一部京劇活字典。養老院裡有一間展覽室，是她藝術生涯的紀念，「看看這些老人家沒上台過，排練學習一下，都能上台演了！」她指著牆上學生們公演的照片，很開心，「經歷了九十年的演藝生涯，曾受梨園祖師爺保佑，但願能活到百歲，仍能登台獻藝。」她笑著說。

一定的。順水順風的搭上太平輪，風平浪

靜地，在台灣開創出綺麗人生，戴綺霞從未離開舞台。

1新民戲院早年是太平町一帶的戲院，在延平北路上，即後來國泰戲院，目前已拆除。
2麒派是指大陸有名老生麒麟童周信芳，他唱功自成一家。徐鴻培為其一九四九年前收的十大弟子，頗具知名度。
3許丙丁是台南戲劇界推手，曾經贊助過許石、文夏、吳晉淮等人出國，並曾與鄧雨賢合作「菅芒花」一曲，本身也懂京劇藝術。
4顧正秋二姨吳鳳雲，終身未婚，早年顧正秋劇團事務，多半由她打點。見《休戀逝水——顧正秋回憶錄》，作者季季，時報文化出版。
5蹺功：是戴綺霞教書時，最用心傳承的課程之一。蹺是傳統戲曲中綁在腳上的木製假尖腳，按結構分硬蹺、軟蹺二種，她認為基本功要傳承，曾編教材圖示。

※資料來源：《戴綺霞自傳——綺麗人生》。（個人出版）

珍貴史料背後的人生

〔蕢正華〕

一九四九年一月二十七日晚上，太平輪沉沒。

據報載，同年二月二十七日，台北中聯公司湧入受難者家屬，還發生太平輪朱祖福經理向中航公司購買機票、企圖離開台灣的事件。後來太平輪受難家屬派代表監視朱經理，並請求第二分局立即將朱送入警局拘留。

四月二日台灣新生報載，當時留守台北市中聯公司的員工蕢兆敏，因與受難者家屬嚴重衝突，被押入拘留所[1]。

從愛國戰士到中聯會計

事隔六十年，蕢兆敏之子蕢正華，仔細拿出父親當年被押入拘留所的手札，與父親早年在中聯公司的服務證件，成為尋找太平輪歷史中極為珍貴的資料，也是太平輪事件中，少數來自

賁兆敏在對日抗戰時，帶著一腔熱血去從軍。

資方中聯企業公司的珍貴文件。

賁正華記憶中，父親在他小學五、六年級時，告訴他太平輪沉沒的片段，說來就是幾聲長嘆。直到父親過世，他整理遺物時，發現了父親的身分證與手札，才逐漸將賁正華的記憶拉回童年。在台北市雙連區萬全街的日式宿舍裡，父親告訴他在拘留所的苦。「太平輪沉了，一千多人喪生，公司忙著處理善後，太平輪的投保公司在事發後立即宣布倒閉，中聯企業公司忙著在兩岸處理善後，台北公司只留下少數幾名員工。」留守公司的會計——賁兆敏，就是長駐職員。

一九二二年出生的賁兆敏，在對日抗戰時，放下富裕的生活與中學教育，加入了「十萬青年十萬軍」的行列；戰火瀰漫上海，參與抗衛工作，加入「三民主義青年團」。一九四一年，賁兆敏到寧波同鄉開設的建中企業會計課任職，結識後來到中聯公司擔任台北分公司經理的朱祖福。一九四四年十月

蕢兆敏保有一張在中聯企業公司宿舍的珍貴留影。

十一日，蔣介石於重慶號召全國知識青年從軍入伍，蕢兆敏決定投筆從戎，當時已至中聯企業服務的他在入伍前，於照片背後留下感言，顯示他對中聯公司的依戀與不捨，而成為難得一見有關中聯企業公司的照片。

一九四五年五月一日，他正式入伍服役，投效陸軍二〇九師。同年八月十四日抗戰勝利後，於十二月一日，在杭州蕭山接受預備軍官教育，並甄審合格授予預官證書。抗戰勝利，團部奉令進駐福州，他乘江寧號回到老家，在一篇〈無限鄉愁何時消〉的短文中，他提及當時回家情形是：「船進甬江，歡聲雷動，重踏闊別故土。」

一九四六年五月三十一日，全軍奉令復員。一九四七年復員後，蕢兆敏回中聯企業繼續任職。抗戰勝利後，海運交通成了最熱門的行業，許多公司開展上海至基隆的行程，中聯企業公司大張旗鼓，買下好幾條船，航行內陸台海兩地。

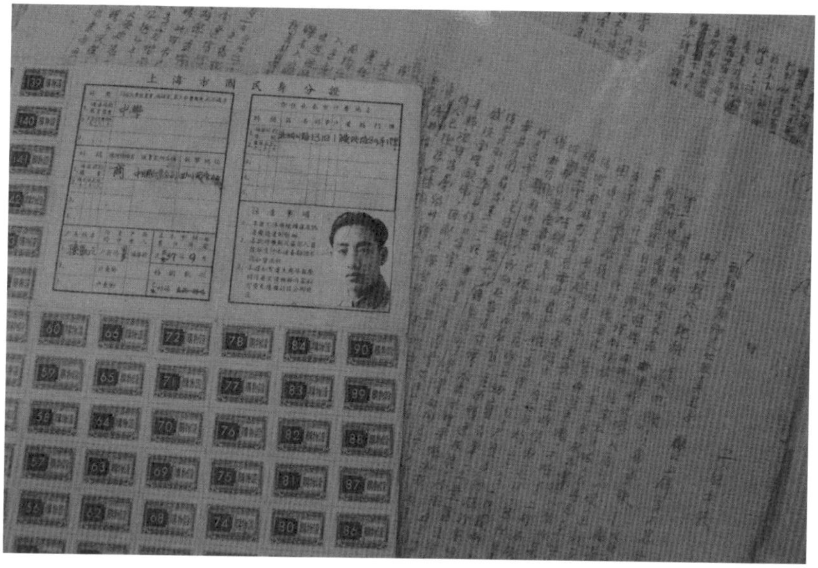

蕢兆敏的上海身分證與手札、文件，填補了時代的空白。

中聯企業公司船東多是寧波人，寧波因地處沿海，自清朝中晚期，寧波人便四處航海經商，上海話稱之為「跑碼頭」。一八五四年開始，寧波人就向英國人買了第一艘商船，開始來往航運的營生。寧波更在一八四二年的「中、英南京條約」中被闢為通商口岸之一。寧波人素來是海運的好手，經營事業更遍及各行業。寧波老闆常雇用同鄉人，一旦同鄉在上海成氣候，便相互扶持，逐漸成為近代中國最大商幫，並常於租界地與洋人進行資本較量或商業鬥爭。曾任職海員工會的任欽泓，曾在一篇名為〈航業海員界多甬人〉的文章內，提及寧波船員與船東的歷史淵源。

同為寧波人的蕢兆敏在中聯企業擔任會計，深得公司信賴。在戰後的年代，船運是很有前景的工作！一九四七年八月，他到台北安家落戶。

太平輪事件發生後，總經理周曹裔留在上海，為防止台灣公司負責人朱祖福經理逃脫，受難者家屬將之送進警察局拘留，以靜待開庭審判。鎮日規矩上班的蕢兆敏，獨自面對家屬責難卻無法回應。

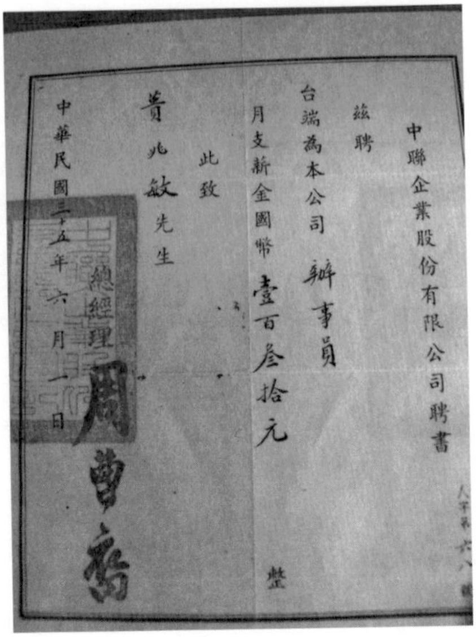
中聯企業股份有限公司聘書

茲聘

台端為本公司 辦事員

月支薪金國幣 壹百叁拾元

此致

蕢兆敏先生

總經理

中華民國三十五年六月一日

難得一見——中聯企業公司員工的聘書。

四月一日傍晚，因為受難者家屬與獨自留守的蕢兆敏發生爭端，在混亂中與家屬推擠造成傷害，當晚立即被送進拘留所。

那一段說不出的苦

在被送入看守所後，蕢兆敏的日記記載的，與報上描述的地點與場景均有出入，但是大致可以了解：中聯企業公司的負責人都不在，三十多名受難者家屬衝進公司，大部分人因為公司處理延宕，使家屬一家老小頓失依靠，而希望公司給予合理賠償。但事實上，當時台北中聯企業公司群龍無首，公司主管幾乎避不見面，蕢兆敏形容當時大家「心已極度憤恨，……遂大興問罪之師，聲勢洶湧」、「在混亂中發生掙扎，而相互推擠」。他日記中陳述自己也受了傷，場面失控。

在蕢兆敏日記中，開頭是：「刑期無期知過必改真君子，群以止群賢不思齊豈丈夫。」「佛說我洩憤對象，我能成人受過，也是告慰死難旅客了，即使我無法祛受刑，已無怨尤，祇是我家計困難，家人亦無疑成為難屬了。」

當時上海地方法院已經受理太平輪受難者家屬的訴訟，四月六日，提問生還者舉證事發經過，沒有人關心蕢兆敏在拘留所的情形，他既心急自己何時能重返自由，也擔心公司的處境如何，是否能伸出援手？「最使人觸目的是太平輪被難家屬又在什麼苛求了，彼等開會決定，若台灣公司在五天內無款數救濟來，將拍賣生財與房屋，我真不知命運將要如何捉弄我？」

四月八日，他接到檢察官的起訴書，「我自接通知後，不起訴的希望滅絕，然心境也安定，祇盼早日出庭解決就是了。」

中聯企業公司忙著與受難者家屬打官司，受難者千人，繁複的訴訟過程，在戰火巨響時，往往被淹沒；大陸逃難潮大量湧現，大家也不可能關注區區一個船公司的會計，蕒兆敏就在拘留所裡備受煎熬，三週後還是失去自由，無人理睬。他在最後一篇日記中寫道：「十九日律師是來訪過我，不知這個星期應該有些什麼辦法，或者能出獄嗎？即使暫時不能出去……外面對于渡江的消息，也給利以最大的剩戰，看樣子渡江是必然，僅時間上問題，但祇苦我不能回去了，然則出獄後，經濟又連遭此困難，以後的生活真不知為何模樣哩！」

日記中，蕒兆敏還詳述了在拘留所中失去自由的心境及同伴們的生活細節，可惜只有記載了四月初進去與第一個月的狀況，之後太平輪官司、蕒兆敏最後的出庭及中聯企業公司的處理，都沒有進一步的記錄。

不過蕒正華提到，父親與他閒聊時曾談過，當時警方也是基於保護他，而將他留置在拘留所中，因為中聯企業負責人在上海，兩岸局勢紊亂，政府忙著戰爭，國軍連連敗陣，台北中聯企業群龍無首，也不是他能夠處理的局面，如果讓他出去，怕再有事端。

亂世中文藝青年的商旅人生

黃兆敏返家後，中華民國政府已正式遷台；十月一日，毛澤東在北京宣布中華人民共和國建國。中聯企業公司不堪賠償，形同倒閉。黃兆敏與上海、寧波的家人失去聯繫，也面臨生活無著的困境。

一九五〇年六月二十五日，朝鮮半島爆發衝突事件，美國六艘驅逐艦與二艘巡洋艦早就守候在台灣海峽，除了軍事援助，也開展了美援年代。直到一九六五年，美國供應了十四．八二億美元的物資、貸款給台灣，占台灣資本形成毛額的三十四%，穩定了國民黨與台灣的發展。

隨之而來的美軍顧問團，從一九五一到一九七八年十二月，帶來了二千三百名的美軍及其眷屬，為台灣社會帶來了生活新貌。平日自修英文的黃兆敏，也就在台灣舉目無親、失業的日子裡，靠著一口流利的英文，在韓戰爆發後，遊走美軍顧問團，買賣起二手電器；從進口冰箱、音響、冷氣、收音機、微波爐……只要是美軍流出的電器，他都能自己修好、整理零件、重新組裝再出售。

黃兆敏手頭稍有資金時，也與寧波同鄉共同投資了兩家漁船公司，分別是「萬里」及「國光」，共有四條六百噸的鐵殼船，從事遠洋漁業。

黃正華形容父親是個文藝青年，只是生在亂世。經過太平輪事件，「父親非常沉默，只活在他的世界裡，從不交際應酬，很少朋友，唯一的興趣是聽古典音樂及音樂會。」從小黃正華就陪著父親聆聽各種唱片與音樂會，讓樂音在身邊流動；長大後，蕢正華選擇進了音樂系，並在國家交響樂團前身——聯合實驗管弦樂團擔任小提琴手。離開樂團後，他成為小提琴名師。

父親過世後，除了留有早年上海身分證、當時消費券與中聯公司工作證件、手札外，最多是從五〇到八〇年代間，國際學舍的大大小小音樂會音樂單與無數的黑膠唱片，還有父親從小為他拍下的八厘米紀錄片和照片。直到今天，蕢正華還在整理父親早年留下的資產，像去年在北京奧運主場開幕演出的Cincinnati pops orchestra（美國辛辛那提大眾管絃樂團）指揮Erich Kunzel（康澤爾），就曾在一九六三年到過台灣演出。蕢兆敏留下的節目單中，康澤爾正值少年；一九九三年他再到台北演出時，已是大指揮家了，蕢正華還請他在父親留下的節目單上簽名。此外還有林克昌一九七八年錄製的「梁祝協奏曲」第一版黑膠唱片；二〇〇八年，蕢正華曾經拿著這張唱片，請八十歲的林克昌簽名，並告訴他父親對音樂的狂熱。

「如果父親沒有經過太平輪事件，會是個很好的藝術家、音樂家！」蕢正華說：「父親的人生如果重新再來，應該是位很好的樂評人、極受敬重的古典音樂主持人吧！」

蕢兆敏流利的文字與中聯企業公司的證件，是台灣少數能印證太平輪事發後的極珍貴資料。浙江寧波大學在二〇〇九年十月，在校園內成立寧波博物館，也邀請蕢正華展出他父親的資料與照片。

1《台灣新生報》，1949.4.2。

善心的安平百貨

〔朱士杰〕

貿易商的善心

太平輪沉沒，讓許多家庭頓失依靠，有些善心人士發起募捐、義賣，希望能讓頓失經濟來源的家庭，有能力再站起來。事發後，一位來自杭州的貿易商朱雍泉，甚至買下了一家百貨行，更名為安平百貨，為太平輪受難家屬提供工作機會，讓他們得以有生存能力並照顧家小。

朱雍泉之子朱士杰整理家族資料時，從曾祖父朱湘生留下的日記中，見證了當時成立安平百貨的情境。戰後台灣物資需求量大，當時經營合眾貿易公司的朱雍泉，與父親、長輩一家，早早來往台灣、杭州兩地，從事兩岸貿易。共產黨逐步逼近南方，他們也將資產移往台灣，但求穩定後，再將家族帶來台灣落地生根。

太平輪事發時，合眾貿易公司的員工——德燦一家妻兒與弟弟都在船上。朱湘生在一月二十九日的日記中寫道：

「德燦昨夜宿于此，因昨午後到基隆，即知昨夜太平輪與他輪互撞被沉消息，於知該輪船公司已得有滬電，德燦得此消息，知其夫人及弟均沉沒於此輪之內，悲傷不堪念狀，昨夜到台北即宿合眾，今早即出去，心甚不安。

太平輪撞沉消息已見報端，德燦即擬返滬，飛機票買不到，來此整行李。」

從日記中的描述可知，德燦是朱家經營的合眾公司聘請的建築師，在太平輪上遇難的弟弟，已經應聘到合眾公司擔任會計；心急的德燦，在一月三十日下午搭機，由同事陪同前往上海處理善後。

從朱湘生日記中，可以看出一九四九年的商業活動來往，如日記中細數之生活往來、朋友餐聚，及三輪車車資、機票赴上海價格……甚至連當日氣候都詳加記載，還都是毛筆工整字體。在尚留存的少數日記中，朱士杰的曾祖父，鉅細靡遺地為一九四九年的常民生活留下珍貴記錄。

台灣從光復後到一九四九年間，物價漲了七千多倍，台灣銀行以法幣（後來改為金圓券）作發行準備，舊台幣與金圓券間，採固定匯率，造成法幣及金圓券在大陸上惡性流通，引發了台幣惡性通貨膨脹[1]。

在朱湘生日記中記載，看一次醫生是一千元左右，兩張由台北往上海的飛機票是七千元，

朱雍泉在報紙上刊登安平百貨開幕廣告。

還有描述當時金飾、金價氣勢直上，美鈔日日跌的記錄。

「安平百貨店，定二十日開幕事，伊則苦認招經理無人，一切職員尚在招考，貨式正在購記中，二十日不及開幕，似未于龍孫所說不相符，伊兩人不計商討一致，此店為何開得龍孫意……」

安平百貨公司

朱士杰回憶，父親曾提及：當年太平輪的受難者有許多是青壯年，留下的家屬多半沒有生存能力[2]，也沒有工作機會。有些罹難者家屬到中聯公司哭鬧，要求理賠金，但是談不攏，便占據中聯公司（應位於今日重慶南路與博愛路口，約在前中正書局舊址旁，靠近總統府）。

他說原本父親手頭有些資產，因此便與其他公司同仁決定，買下中聯公司的房子，在原址開設「安平百貨公司」，意即安撫太平輪罹難家屬之意，讓家屬有工作。有些人被安置在以前中華商場的位置擺攤子（當時中華路還沒有中華商場）。[3]

「龍孫昨夜十一時如歸，為被難家屬又來吵鬧，將至陳江律師請教，回言明下午來商談事並不急，何必夜間去此其事，先無思索為此，同龍孫、元照至合眾，因休息兩日，到期款疊起，事較繁。

合眾三時許，龍孫同鄭、陳二君來，為安平行貨將售，請擬同二君至基隆記貨，即向合眾取新台幣五千元即坐汽車前往安平，生意甚好，二十日二千元、廿一日三千元、廿二日三千元、廿三日二千元，是口有兩今日上午止已到一千五百元云，志宸至安平，另余買棉毛衫兩件。

夜飯後坐車至安平睡，逸龍、元照及兩店友兩人一姓朱一姓□女職員四人，茶房一人，涵學生一人，全口共做三千元，五日生意共做壹萬三千約元，龍孫等因赴基隆記貨。」4

在日記中，也見到當時安平百貨營業業績，與太平輪家屬仍到安平百貨現址吵鬧的狀況，記載朱雍泉將與律師討論。據當年安平百貨的廣告顯示，百貨中多是賣衣服及實穿的襪子、棉衫等。朱湘生的日記中提及，百貨行多是到基隆批貨，但是在物價波動的年代，批貨的價格一日數變。「昨夜十時，係龍孫由基隆回貨，價已漲，照前原價係不肯賣，僅配為貨二千約元。」

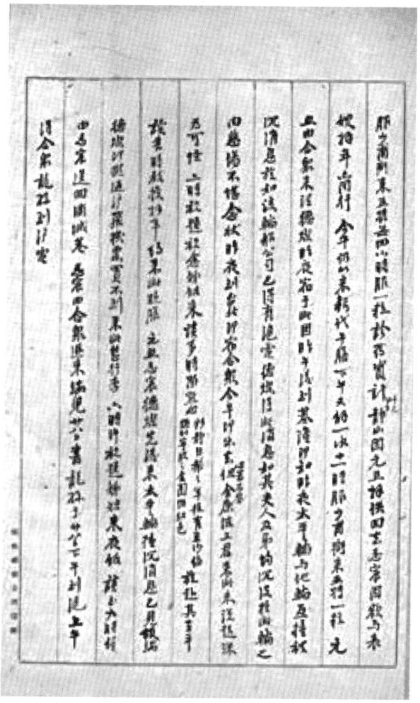

朱士杰從曾祖父日記中，讀到父親創立安平百貨公司的細節。

一九四九年十一月二十日安平百貨開

朱雍泉（右一）與友人合影。

幕；五天後，朱雍泉卻被告發是經營地下錢莊，安平百貨無法經營，宣告倒閉，朱雍泉也隨即入獄。

朱士杰在父親晚年，陪伴病榻，發現父親並不太想談及過往。「有些事或許他也不願意說，或是保留了些。由於家父後來坐了十四年的政治牢，所以對於暴起暴跌的人生，也不太對我們說，因為也沒有意義，失去的財產都被特務拿走，文件資料也被抄，他也無從證明自己失去的東西。」

※後記：朱士杰與妻女家人這幾年移居台東，在生活中身體力行對土地、環保、文化的關愛，自行發電、力行推廣有機農業，拍紀錄片。

1見《快讀台灣史》，作者李筱峰，玉山社出版。

2當時太平輪乘船旅客，大多是男性青壯年，都是一家之主，也是經濟主要來源，罹難後留下孤兒寡母，大半沒有謀生能力，如李昌鈺，張昭美、張昭雄，鄧平，趙錫麟家……都是母親帶著一群子女，做裁縫、小生意或到工廠當女工，含辛茹苦把子女帶大。

在上海地方法院留存訴訟書中曾提及：「本件原告人等親屬，云亡財產蕩然，因此次赴台乘客，多係含避難性質，所有現金及有價值之財務，均隨身攜帶，同葬海底，生存者均係老弱孤寡，饔餮不濟。」

「……茲原告等家破人亡，大多數人無依無靠，若不為假執行，則數百老弱婦孺生活，頓將告絕。」

3中華商場是一九六一年國民政府為收容來自各省新移民，而在縱貫沿線用竹屋搭起的商場，後來拆掉，建成了八幢三層大樓的商場，有一千多家店面。

4據朱士杰注釋日記，「龍孫」指朱雍泉，「逸龍」是合眾貿易公司經理。「合眾」是朱家經營的公司。「安平」指安平百貨。（文中留方格是因原稿完全無法辨識。）

※資料來源：朱士杰部落格http://tw.myblog.yahoo.com/sidneychu-wahaha/article?mid=1010&prev

記憶拼圖

——太平輪人物故事三

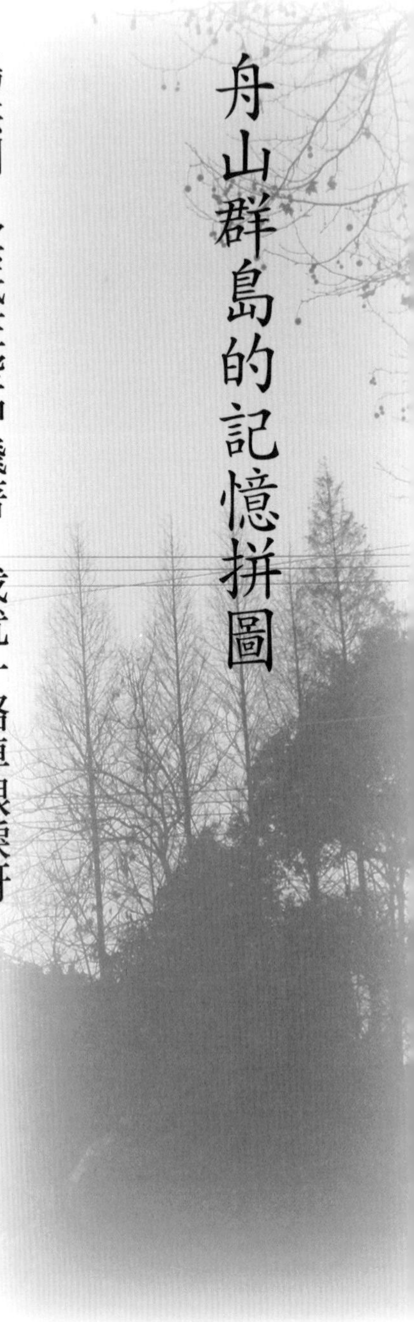

舟山群島的記憶拼圖

楊洪釗：冥紙在空中飛著，我就一路掉眼淚呀！

住在台北市東區的楊洪釗，在沉船事件中，犧牲了妻子與幼兒。事情發生後，他立刻奔向上海，在農曆年冒著寒風、坐著小船招魂，甚至大膽搶灘到附近小島的漁村詢問，希望奇蹟發生。

他記得出事第三天，他與心焦的家屬們到了失事地點——白節山附近，看見太平輪煙囪仍在海面上，伴著濃烈的油味，他們租了漁船，孤零零地在海面遊走。

「風浪好大！天冷，我們沒有救生衣，小船不能靠岸，我們跳下船，涉水到岸邊去問。」那時候船難剛過，海面上經常飄浮著箱子、衣服、籃子，有些漁民趁機在海面上撈佛像、衣箱等雜物。他們見到島上漁民，詢問有無看到沉船或相關線索，有些漁民就拿出海上撿到的箱子，說：「你們拿回去好了！」楊洪釗說：「我們還要給你們錢，謝謝你們呢！」

「我們在船上撒冥紙、招魂，風浪大，船冒著風浪，我們一面叫著親人的名字，冥紙在空中飛著，我就一路掉眼淚呀！」

四、五個男子輪流搖槳，在太平輪失事地點，來回尋過三天四夜。楊洪釗回到上海，在妻子娘家為妻兒作忌，與誦經的親人一起守靈。頭七那晚子夜，看到妻子牌位幡布掀起，他感知妻子捨不得離開人世，哭喊著妻子的名字，心痛生死離別的苦楚。一起誦經的親人安慰他：「不能哭，不能不讓她走呀！」忍著心中淌血，在火盤前一面燒著紙錢，一面也將淚水與不捨都燒給妻兒：「一路好走呀！」

楊洪釗曾經與太平輪受難家屬，一起向中聯企業公司提出訴訟。

「直到雞叫，我們才唸完經。」楊洪釗眼眶泛紅，「都那麼多年了，我孩子們說不要接受訪問，不要再提了，我藏在心裡快六十年了，我不說心裡難過呀！」嘶啞聲音，響在冬日午後，雨輕輕落下。

在台灣，楊洪釗再娶妻生子，每年的一月二十七日，第二任妻子總會替原配作忌、上香誦經。直到這些年，第二任妻子也離開人世，「這麼多年過去，我老了，一切就從簡吧！」不過到現在他還是每年在這天，為妻子供上一碗麵。

楊洪釗也是在上海與常子春、齊杰臣等一起向中聯企業公司提出告訴的受難者家屬成員之一。一九四九年三月二十九日，他

太平輪失事現場——白節山。（陳玲提供）

回到台灣，與受難家屬們合請律師繼續訴訟，並舉辦追悼會。一九五〇年設立一紀念碑，素雅地佇立基隆東岸碼頭，每年一月二十七日，仍有些受難家屬會到紀念碑前祭拜，不過楊洪釗再也沒去過基隆碼頭。

姜思章：父親在海面救人

太平輪沉船地點在浙江舟山群島的白節山附近。舟山群島是中國浙江省東海水域內的一個群島，有大小島嶼一三九〇個，連水域總面積二二二〇〇平方公里，其中陸地面積一四四〇平方公里，共區劃為定海區、普陀區、岱山縣及嵊泗縣四個縣，總人口一百零三萬。

太平輪與建元輪互撞沉船的失事地點，就在群島海域，北緯三十度二十五分，東經一百二十二度的白節山附近。兩輪之失事地點，據當時江海關海務科公告，建元輪沉沒於白節山及半洋山之間，太平輪則沉沒於白節山燈塔之東南方，約四浬半附近。事發之後，許多附近漁家都出動海上協尋或打撈物品。中聯企業公司及受難者家屬，也都曾雇船趕到失事現場，尋訪可能的生還者。

生長在舟山群島岱山縣的姜思章，當年十三歲，事情發生那天，正是民間的「小年夜」，他記憶猶新；依舟山人的習俗，出門在外的人，都會在這之前回家準備過年。

「可是這年，我家漁船遲遲未歸，家人正擔心時，漁船於除夕時返回，父親進門後說，在返航途中，見海面漂浮貨物、木材及落海之人，他及船員合力救起數人，因天氣寒冷，船上又無多餘棉衣，只能將救起的人脫光衣服，鑽進船員的棉被中保暖，將船趕快駛到一島上，交給當地有關單位，然後再返航回家。

「鄰居陸家的漁船，也在這時返回，先將船錨停在海灘中。到了深夜，趁退潮後，將在沉船附近海域所撈獲之棉花，一大捆、一大捆悄悄的運到家中，不久又轉移到岱西農村隱藏。因為鄰居與我家僅一牆之隔，搬運過程中，動作與談話，他們雖壓低聲音，我家仍聽得清楚。」[1]

姜思章至今仍依稀記得，太平輪沉沒後，海面漂流很多木箱、物品。舟山群島漁家曾紛紛出動搜尋，結果如何卻不得而知。當時他還慶幸自己及家人未受戰禍波及，沒想到次年他未滿十四歲，就在上學途中，被國民政府軍隊捉兵捉來台灣，來不及與父母告別。三十年後，他穿著「想家」的T恤，站上街頭請願。他是「老兵返鄉」運動的發起人，迫使蔣經國在一九八七年十二月開放兩岸探親。

據煮雲法師在《南海普陀山傳奇異聞錄》[2]中提及，太平輪事發後，一位漁民在海上撈到一名女屍，身邊腳邊全是金鍊子，漁夫發了大財。於是附近漁家也都想在海上找到值錢物品，大發黃金夢。

一天，一包包得緊緊的東西順著海浪飄來，漁民們都很興奮，以為是沉船寶物。兩家漁民趕快撈上船，打開一看，既不是珍珠黃金，也不是寶玉，而是一尊重達二十公斤的藏傳佛像！大家都覺得這是神跡：重達二十公斤的佛像，經過船難，不會下沉，還飄到了離失事地點很遠的岱山。最後這尊佛像被請上普陀山供奉，吸引很多善男信女天天焚香頂禮來膜拜。

船難打撈現場與民三〇五號輪

沉船災難發生後，太平輪受難者家屬代表一共十人，趕赴上海。招商局也派出海川輪加入搜救行列，船上有儲糧、打撈夫十四名及五名受難者家屬，另五名留在上海與中聯公司交涉。事隔一週，大家對舟山群島仍懷抱希望，因為有生還者回到上海說：「還有生還者在島上。」[3]

一度傳言舟山群島尚有許多生還者，由於幅員海域廣大，有大小一千多個島嶼，大家仍懷抱希望。事發當時中聯公司派出海川輪到失事海域搜救，並租用小帆船到附近島嶼上岸搜尋，但是在各島發現的行李、身分證件不多，而且沒有發現任何旅客。

除了海川輪，中聯公司也租用了中央航空公司飛機，由公司及家屬代表一起到失事現場。專機低飛貼近海域，除發現海面漂有大量的黃黑色油漬長約十數浬外，後來在一極小燈塔島邊，看見有一沉輪的桅杆露在外面。海川輪曾在此登岸大量發散傳單，飛機也再三盤旋偵察，島上沒有反應，飛機只好折返上海。

舟山群島漁管處也通令各漁船，出海捕漁時，注意並協助打撈海上漂屍；還有熟悉舟山群島海域的船員告訴記者，附近小島只有少數人家居住，但是治安甚差，太平輪失蹤旅客可能沒有生還機會。[4]

招商局派出的第一艘搜救船——民三〇五號輪，在出事現場寫回來的報告中指出：「廿八日下午八時抵大戢山，因天黑無法工作，乃決定停泊，廿九日晨五時啟航抵白節門，七時餘即鳴汽笛，無動靜，嗣改航佛蘭克林礁，沿途每隔五分鐘作信號一次，其時風平浪靜，且適值退潮時期，僅見燃油飄浮水面。

「後遙見白節門中，有小舢舨，乃折回探問，據該舢舨上漁夫謂：渠等曾於廿七日晚間，在陸上見一輪船，沉於白節門水道中，當時有救生舶舨放下，小孩女人之啼哭聲音，亦可聞及，並見燈光甚亮，時受退潮影響，各舢舨無法搶至白節門登陸處等云。

「繼又出航巴來島，下三星燈山，佛蘭克林礁等各島間，為尋人及浮物起見，除隨時注視外，並施放汽笛，惟仍一無動靜。在白節門外二三浬之距離，及佛蘭克林礁附近，有船用燃油浮於水面，間或可見啤酒瓶箱。嗣在回程潮水告漲，白節門水道亦可見油跡。當往返各處航行視察時，曾見海關有景星艇，在半洋山與白節山之間，下錨互通消息結果，得悉渠等亦為探測沉船位置。至上午十時，所有應航視察範圍內，均已工作完畢，回航返滬途中，在大戢山附近，曾遙見一艙口板浮於水面。」[5]

零散的拼圖：朱順官、陳玲

太平輪沉沒不久，國共戰爭局勢緊張，許多軍隊一一撤往台灣。當年只有十四歲的朱順官參加了幼年軍，坐著撤退的軍艦，由上海出發，經過出事地點附近，看見一截半露的煙囪：「大家說：『快來看哪！那是太平輪。』」同學們都擠到甲板上探頭張望：「有人謠傳太平輪是被軍艦擊沉。」

「那時候我年紀小，當了少年兵，跟著軍隊就到了台灣。」空軍上校退伍的朱順官，後來再想起太平輪船難，仍會感受到戰爭的殘酷無情。

來自舟山群島的姜思章（右），浙江海洋學院學者陳玲（左），補全了太平輪事件的拼圖。

位於舟山群島的浙江海洋學院訪問學人陳玲，是二〇〇九年三月到達台灣，她以半年時間在台灣做交流和研究，主要是做「一九五〇年國民黨軍舟山撤退以及舟山籍老兵」課題；另一有興趣的話題，是瞭解至今仍沉落舟山群島海域的太平輪船難事件。她說民間曾經有太平輪是一艘黃金船的傳聞，因為當年確實有大量的黃金從海上運往台灣，所以產生這樣的聯想，也是十分自然的，而產生這樣想法的關鍵是來自兩個方面：

一是在白節山燈塔，有人發現了一張關於太平輪的無編號、無年份、無作者的文字卡片，其中記述了太平輪沉沒時的情形，並提到太平輪上有黃金。二是一九九四年六月的《中國海洋報》和一九九四年五月的《舟山文化報》，分別刊登了署名為葉爾的文章〈一九四九年，一艘黃金船沉沒在舟山海域〉，而事實上該文是抄自某文獻中的人物回憶錄。

舟山市有關單位曾經對太平輪船難事件做過調查與研究，調查報告中，對於太平輪是黃金輪說法的結論是「道聽塗說，難以為據」。舟山市海底打撈隊曾到太平輪沉船處，撈出當年箱中的債券。

陳玲透露，早在六十年前，已經有固定船班，往來基隆與舟山群島之間。一九四九年十月四日，「海漢」客貨輪從舟山群島的沈家門港直放基隆。一九五〇年三月，「滬廣號」客貨輪從沈家門行駛基隆；同年四月，「海津」號輪又從沈家門開往基隆；五月七日，「滬江」快輪也加入該航線運營，直至一九五〇年五月中旬。而舟山群島的定海港至基隆也有「海平」輪，一九四九年十月六日，海平輪從定海直放基隆。

遠方漁火點點，船過無痕，島嶼在遠方堆疊成虛空陰影。一甲子過去，太平輪沉船的神祕過往，只剩少許老漁夫，仍有零散的記憶。

1見寧波同鄉會《追悼太平輪沉沒六十週年》，作者姜思章。2009.5。
2見《南海普陀山傳奇異聞錄》，作者煮雲法師，星雲法師曾為文寫序。
3《台灣新生報》，1949.2.1。
4《台灣新生報》，1949.2.4。
5見上海檔案館資料。

來不及道別……

眾多離別舊事

太平輪船難，上海中聯企業公司購票名單中只列了五〇八人，但實際上船旅客遠超過這數目，非正式統計有超過千人以上。據上海檔案局留存的證詞顯示：送港口司令部名冊不能做為船上實際載客標準，因開船前擠上船的旅客及買票人所帶的小孩等，都不會列入名冊內[1]。

許多買黃牛票與臨時上船的旅客及幼兒的人數……就成了傳言中，可能沉入大海的千餘條生命。這一千多條生命，曾經是轟動一時的世紀悲劇，多少人因此與家人、親人、愛侶天人永隔。在過去，六十年前的往事，幾乎不被社會所記憶、喚醒，這些年隨著「尋找太平輪」紀錄片播出後，在報章雜誌中，開始找尋到更多的生命記事。

導演王正方在一篇文章內，提及他哥哥同學一家：父親先到台灣工作，妻子、兒女隨即再來團聚。但是船一沉，只剩下他一個人，面對空蕩蕩的房子。「劉伯伯那年大概只有四十多歲吧，看起來很沒精神，佝僂的身軀背對著窗子，他多半是用單字來答話：嗯、對、好。下午的陽光慢慢在移動，最後照在劉伯伯的後腦上，花白的頭髮給曬得像是一根一根豎立了起來。他突然使勁地搔了一陣子後腦勺，頭皮散在一束陽光中不斷的跳躍、擴散。」[2]

王正方回憶，哥哥有兩個好朋友，在北平都是好同學，約好一起到台灣再聚。三家爸爸都到了台灣，哥哥同學劉一達及母親卻搭上這班船。哥哥與另一位同學，常約著去看望寂寞的劉爸爸，那時他們分別是中學、小學的孩子。長大後，王正方與哥哥都相繼出國唸書，長居美國，「也不曉得劉伯伯後來怎麼樣了？」

洪蘭在一篇文章中也曾提及阿姨一家葬身海底，表哥因為跟著她的父母先到了台灣，躲過一劫。「民國三十八年，在台灣海峽沉沒的太平輪上面有我阿姨一家，它的沉沒，使先隨著我父母來台的表哥，永遠見不著他父母的面，成為孤兒。現在表哥也垂垂老矣，一晃五十多年了，在這島上造育了很多英才，為這個島的繁華貢獻了他的力量。」[3]

發憤圖強

與常子春家人同行、準備到台灣的趙襄基，在回教協會中，是白崇禧的左右手；太平輪事件後，留下父親、妻子及兩名子女。他的幼子趙錫麟，從小跟著高雄清真寺元老的祖父，以寺為家，參加經學班，研讀經文。他的表妹丁廼玲形容這位表哥很會唸書。趙錫麟母親在船難後，辛苦持家，在被服廠工作，養活一家人。

趙錫麟後來遠赴利比亞求學，在沙烏地阿拉伯獲得麥加大學伊斯蘭學博士學位，也曾在利比亞大學任教，擔任過台北清真寺教長，是台灣少見的伊斯蘭學菁英，目前是外交部派駐利比亞代表。

已去世兩年的香港女首富龔如心，胞弟龔仁心今年在一個記者會中首度披露，父親龔雲龍死於一九四九年震驚中外的太平輪船難，也真情剖白父親早逝後，四姐弟妹與母親在逆境中互相扶持，建立出深厚感情。

當年，龔雲龍服務於一家上海英資油漆廠，妻小在上海，他搭上一月二十七日的太平輪頭等艙……。那年龔如心十二歲，龔仁心五歲，龔仁心說姐姐一直以來都對他很好，當年三番四次申請他從內地來港團聚，連他兒子的居港申請，也是龔如心親自到內地辦理。

在龔如心抗癌最後日子，他們全家，母親與弟妹都陪著龔如心，一起與生命搏鬥。[4]

在一千多個生死別離的故事中，有多少家破人亡的慘劇，有多少塵封的記憶未被開啟，難道就這樣選擇遺忘了嗎？

細讀舊日檔案，連續多天，各報訪問了一些到中聯公司了解狀況的受難者家屬：有先生與兒子都在船上的媽媽，痛哭失聲，家裡只剩她與兩歲的小兒子。也有一位年長的父親：「我的兒子，不死於戰爭，不死於病，卻死於船難！」

記者問一名單身女子，船上有什麼人？「丈夫。」說完就大哭起來。

一位太太與小女兒一起到失事現場，丈夫與三個兒子都遇難，她在現場守候多天，小女兒說：「姆媽弗要哭！姆媽弗要哭！」自己卻大哭起來。[5]

長住海南市的王祖德，是在近期由大陸朋友熱心找到聯絡方式，他是王毅將軍的後人，一九四八年出生，太平輪出事時，他只有幾個月大，母親是國大代表，一九四九年正在南京工作。面臨內戰情勢，王毅將軍原是要到台灣與台灣籍妻小會面（王祖德說是二媽），卻因為太平輪沉船，母親也來不及帶他到台灣，便帶著他回到海南，開始了風風雨雨的日子。

十七歲時王祖德下鄉，開始從事農業技術工作，與農業推廣、蓄牧工作伴一生。當母親談到太平輪和父親時，總是長長地嘆口氣，王祖德對父親形象更是模糊。在八〇年代後期，兩岸往來頻繁，許多父親的學生舊部屬到了海南，看見王祖德都會驚呼，他與王毅將軍像是一個模子刻出來，無論聲音、說話神情與臉孔神似度；而他的母親直到一九八四年，才摘去「反革命」的帽子。王祖德期待有一天可以到基隆太平輪紀念碑，深深地一鞠躬。

在《太平輪一九四九》繁體中文版出版後，也接到住在桃園的孫全堂來電，當年他的父親是山東萊陽縣的教育局長，之前先把妻子、家人、父親安排到了台灣，而他從山東最後撤回台灣，卻搭上悲劇之船，留下一家老小在台灣。孫全堂回憶：當時祖父年邁，母親不識字，很難在台灣謀生，又拖了大大小小的幼兒，最後流落街頭，生活頓失依靠；尚在襁褓的妹妹，就因為母親沒有奶水，也沒有錢買牛奶，活活餓死在台北街頭。

即使孫全堂已經年過七十，想起悲苦的童年記憶，母親帶著他一家老小，流浪台北的哀痛，仍在電話那端號啕大哭。

一家人散居天涯海角

相較於其他太平輪受難家屬，張祖華的故事又更具傳奇色彩，先是天津的聶虹與我寫信告知，美國紐約她表姐的故事。張祖華的父親是張煌，本名張鴻基，原來是天津《益世報》副刊主任，母親張魯琳早年是記者。國共內戰時，張魯琳肚子裡懷著五、六個月身孕，決定帶著兒子張祖望先到台灣，把三歲的妹妹張祖華留在天津由長輩照顧，等她安排好了，再接張祖華過去台灣。張煌先行買了太平輪船票，準備與妻子過年，也說好要買禮物給五歲的兒子。

太平輪出事後幾個月，妹妹張祖芳出生，張魯琳一個人帶著兩名幼子，還要繼續擔任記者工作，在台灣老報人于衡的自傳中，亦曾提及一九四九年初到台灣，《中華日

張魯琳與先生一家在天津的全家福。

張祖華及女兒琳達一起去看張魯琳。

報》政治記者之一即是張魯琳。

張祖華在天津受高中教育，從小喜歡外文，她的俄文一流，常常是幾近滿分，一心嚮往外交工作。不過高中畢業後，她就離開家鄉到新疆烏魯木齊，下鄉插隊，在新疆認識了中日混血的丈夫。她對太平輪事件不甚清楚，只知道母親在台北。

其間張魯琳活躍於職場，甚至在台灣最艱困的年代，還可以向報社爭取到美國進修的機會。當時妹妹張祖芳年紀非常小，張魯琳無法帶她出國一起進修，就將她託付給一對法國夫婦寄養，這對法國夫婦膝下無子，將張祖芳視如親生子女，於是等不及張魯琳學成回台灣，這對夫妻就把小小的祖芳帶回法國，從此與張魯琳斷絕往來。

張魯琳傷心欲絕，丈夫死於太平輪，大女兒留在大陸，小女兒又讓法國人帶至歐洲。她後來也離開台灣，遠嫁美國芝加哥，對象是位機械工程師，兩人婚姻美滿，生了一名男孩，同時也將大兒子接到美國受大學教育。一九七六年，張魯琳終於和留在天津的張祖華聯絡上，早年被帶至法國的張祖芳，也在結婚後主動與母親家人聯繫。

母親張魯琳一手安排相隔了二十八年的全家團聚，之前她從美國各寄了一套套裝給張祖華，以及在法國的妹妹張祖芳。姐姐張祖華回憶：「二十八年了，我沒有見過媽媽，也沒見過妹妹，可是在香港飯店的大堂，妹妹的法國老公先發現我們，我看到穿了一樣衣服的人站在那裡，她就是我妹妹。當時我帶了二個小孩到香港，第一次看看外婆。」

之後張魯琳為張祖華申請依親到美國，一九七八年核准，一九七九年全家到了美國，開始了她們全家人生後半場。

張祖華說母親中英文俱佳，在美國仍舊活躍於職場，寫作、辦活動、觀察社會脈動，也一直是說故事的能手。年輕時候張魯琳曾師承巴金，目前九十五歲，在美國還自費出版了英文自傳，提及不少太平輪事件的往事。「我們希望有一天也可以用中文發表。」張祖華這樣希望。

她說：「一艘船改變了一個人的一生，也改變了一個家庭的際遇。」因為父親在太平輪中喪生，他們兄妹與母親四散多年的傳奇，也見證了一個時代。《太平輪一九四九》繁體版出版後，妹妹因為不懂中文，無法閱讀，甚感遺憾。生活優渥的張祖芳，從小在法國長大受教育，卻因著家族與時代背景，也開始著手用她的觀點來寫一個家族紀實；逢年過節，張祖芳會邀請母親相聚，聽母親說陳年舊事；多年前還與法籍先生駕私人遊艇，到紐約參加晚輩的婚禮。

九十五歲的張魯琳用英文寫自傳。

李昌鈺來紐約看張祖華。

「母親記憶絕佳，有空到美國可以來與她聊聊！」今年在紐約與張祖華一家相處了近一週，再一起去威斯康辛拜訪張魯琳。她還保留著當年太平輪的剪報文章，也用英文寫完一本自傳，書中重要章節就是太平輪。

張祖華感嘆，一艘太平輪的沉沒，讓她們一家散居天涯海角，從大陸到台灣再到美國，還有位太平輪遺腹女成長在法國，她說李昌鈺曾提及太平輪改變了他的一生，「我家也是啊！」

試想，在流離倉皇的歲月，人人夢想著要到一個溫暖的島嶼安身立命，小年夜原本是歡欣的期待，卻等來無情的傷慟。六十年過去，曾經報紙上記載的悲傷往事，有多少個破碎家庭，歷經了哀傷的黑夜。

在他們心裡，也許到現在都寧可相信，摯愛的親人沒有遠去，只是來不及道別。

1 據上海地方法院訴願案，羅家衡律師言。1949.4.6。
2 見《聯合報》副刊〈我的一九四九〉，作者王正方，2009.2.18。
3 見《聯合報》副刊〈免於戰爭的恐懼〉，作者洪蘭，2005.1.31。
4 見香港《東方日報》，2009.4.3。
5 《台灣新生報》，1949.1.31；中央社上海，1949.1.30。

與死神擦肩而過

沒有趕上的因緣

一月二十七日的死亡航行，是近代史上的災難，沒有搭上這班船的幸運兒，在人生旅途中，也各有不一樣的人生經歷。

星雲大師在他著作中提及「因緣」，就曾以太平輪為比喻。當年他本來也想搭這艘船到台灣，可是時間來不及，沒搭上這班船：

「記得剛要來台灣的時候，正逢國共戰爭風雲緊急，許多人舉家南逃，甚至因嚮往台灣而離鄉背井，飄洋渡海。當時太平輪數千人的死難，轟動一時，我因為時間匆促，趕不及搭上那班輪船，而倖免一劫。如果快了一時，沉沒海峽的冤魂或許也有我的一份。

想到因為沒有趕上的『因緣』，讓我與死神擦身而過。在慶幸之餘，經常覺得人生在順、逆『因緣』之中流轉不停，如同一股無形的力量，支配著我南北流亡，東西飄泊。」[1]

孫立人堂妹孫敬婉，原本待在南京與姐姐一起，父母及兄長已經在台灣工作：父親在台南鹽務總局、兄長在中央造船廠。她與姐姐看見情勢不對，中央政府一部分人員申請遣散，她也申請了遣散，與姐姐到了上海，準備到台灣。

當時時局非常緊張，又是年關，大家都搶著要離開，太平輪船票非常難買。她與姐姐想盡辦法，才買了兩張船票，就等著二十七日開船，到台灣與父母家人吃年夜飯。上船前，姐姐走過外灘，見到人山人海，大家都擠著要上船，恰巧遇見孫立人的隨扈潘申慶，問她們要不要一起到台灣？姐姐說已經買了太平輪船票，不用麻煩。

可是繼而一想，她們姐妹從南京坐火車來上海時，大家都搶著上車，她們是從車窗爬上車的，身分證件及錢包都掉了，若到台灣進不了關，怎麼辦？

孫立人隨扈說：「沒關係，跟著我們走就沒問題。」孫立人在前一年，已到台灣擔任陸軍副總司令一職。後來孫敬婉與姐姐就退掉太平輪船票，跟著潘申慶坐中興輪到台灣；事後聽到那班船沉了，孫敬婉到後來都還記憶猶新[2]。

女青年工作大隊成員余國芳曾經回憶：在上海等船到台灣時，經常是到了碼頭說要上船，等了半天船又不來，每天把東西搬來搬去。後來規定不許帶那麼多衣服，尤其是毛衣，所以她連毛衣都沒帶就到了台灣。

她也提及，原本她們要搭一月二十七日的太平輪，因為人太多，被趕下船改搭別的船，幸運躲過一劫。但是她們的行李證件都在船上，太平輪出事，證件都沒了[3]。

小孩發燒逃過劫數

梁肅戎小妹因為發燒，讓大家逃過一劫。（翻拍自「尋找太平輪」紀錄片）

曾任立法院院長的梁肅容，當年原是要與東北的同鄉一起上船，可是才出生的小女兒發燒得了肺炎，想想天寒地凍，還是等高燒退了再走。梁肅容兒子梁大夫回憶，還好因為妹妹發燒，救了全家。

可是原要一起同行的遼寧省主席徐箴一家及《時與潮》總編輯鄧蓮溪，就沒有那麼幸運了。徐箴一家三口罹難，鄧蓮溪留下四個小孩與妻子在台灣，最小的兒子出世還沒滿月，就失去了父親。

而人在廣東的劉乃哲導演，也提及他的叔叔劉赫南，當年是在中華書局任職，帶了十幾口親人，與好友徐箴結伴同行，亦隨著這艘船沉沒大海。而劉乃哲這一家，則是因為來不及買到船票逃過一劫，家人從此兩岸相隔。他在八〇年代還寫了有關太平輪的劇本——海殤，最近則全心投入「庚子首役」電視劇的製作。

浙江省民政廳長阮毅成全家，原本也是預計要搭這班船；但在開航當天早上，請當時服務於中聯公司的蔡天鐸將他預留的二間房退掉，也躲掉一場災難[4]。到了台灣，阮毅成擔任國代並出版了許多法學論述，兒子阮大年擔任過大學校長，阮大方則為資深傳媒人。

因為吐奶、沒上船的小男孩，長大後是著名的文學博士，也是詩人、散文家——鄭培凱。

吐奶沒上船

二〇〇四年，在上海的第一個晚上，與朋友張安霓用餐，一眼在餐廳裡見著白先勇，他為了〈金大班最後一夜〉的舞台劇演出，來到上海。我們說明是為了拍攝「尋找太平輪」紀錄片來的，他手一指，指著在餐廳角落吃飯的客人。「哪！你們該訪問他，他吐奶，沒上太平輪，救了全家。」

白先勇手一指的那位先生，就是香港城市理工大學教授鄭培凱。他在訪問中說：「我那時候很小，買不到飛機票到台灣，可是大家都趕著出來，我媽好不容易搶到一月二十七日太平輪的船票，她正為我吐奶傷腦筋，上船前恰好有人替我們買了機票，我們就退了船票改搭飛機。

「來了台灣，媽媽對我特別好，常說還好我吐奶，救了全家。可是如果我調皮，惹得她心煩，她就說：『都是你！如果坐那艘船沉了，現在一了百了！』」

這位小時候吐奶、沒上太平輪的小孩，台大外文系畢業，在美國拿了耶魯大學博士學位，筆名程步奎，是海內外著名詩人與散文大家。

二家命運大不同

《太平輪一九四九》在台灣出版後，陸續接到朋友們的來電，一位住在舊金山的上海媳婦舒佑說，她的公公是早年國民黨時代的國大代表，原本買了一家九口的太平輪船票，準備舉家到台灣過年，但是一月二十七日上午，婆婆突然肚子劇痛無法上船，公公只得臨時取消行程，留在上海替婆婆治病，剛好鄰居有位小學老師，家中也是九口人，就央求把太平輪船票轉讓給他們一家。

那年農曆年，公公打開報紙看見太平輪沉船，久久無法言語。之後他們全家到了台灣，在七〇年代後，全家又轉往美國定居，舒佑說公公生前常常提到太平輪的故事。

哲學教授之子

哲學大師方東美教授，在一九四八年即在台大哲學系任教，他的兒子方天華原先也買了這艘船票，要到台灣與父母親過年，卻因故沒有上船，逃過一劫，後來在台灣與父母相聚。

身為安徽桐城文派方苞的後人，年過八十的方天華教授，仍然關心太平輪事件，看完了書，想再看「尋找太平輪」的紀錄片，二〇一〇年他的女兒到台灣度假，與我提到太平輪對她父親一生的影響，這才發現方天華教授的大舅子，竟是作家舒國治，而方天華教授的女兒方惠也特別去了牯嶺街，看看祖父方東美教授的故居，也為太平輪紀實增添了一則逃過一劫的人家。

無緣的台北

二〇一一年在杭州曉風書屋分享會上，來了幾位童年時期與太平輪相遇的朋友，一位是王浩華，小時候全家住在六條通的日本房舍，因為母親要生產，全家回去上海，又因為母親生下小弟，躲過大劫。那年王浩華只有二歲。

她的女兒張舒，在法國普羅旺斯與我聯絡，夏天我們在她杭州家中，聽王浩華說故事。太平輪慘案發生後，全家嚇得不敢坐船，就留在上海度過童年及青春歲月。

兩岸隔斷，房舍扔在原處，沒人處理。前些年兩岸開放觀光，他們一家兄弟姐妹還特別回到原來的日式房舍憑弔。「原來這麼熱鬧。」

家具在船上

「來晚了！來晚了！」蔣豫生在杭州看見《太平輪一九四九》這本書，口中不斷喃喃自語。

在他三歲那年，父親與中央銀行同事一起要到台灣述職，買好一月二十七日的船票，也將家具全運上船；登船前，父親看著一家老小，心中突生一念，晚些再去台灣吧！全家就因此留在上海過年。

太平輪出事後，父親再也不敢到台灣，就留在大陸，之後在塘栖的小城度過人生，活到九十三歲辭世，生前常常提到太平輪。蔣豫生也書寫過塘栖小城的安靜歲月。

1《往事百語（一）心甘情願》，作者星雲大師，佛光文化事業出版。
2《女青年工作大隊訪問錄》，作者吳美慧，中研院近代史研究所出版。
3《女青年工作大隊訪問錄》，作者吳美慧，中研院近代史研究所出版。
4見《寧波同鄉》雜誌第354期，蔡天鐸〈航業海員界多甬人讀者迴響〉。

漫長記事

——紀錄片與迴響

尋找太平輪的記錄，對大家都是挑戰！事隔多年，台灣的檔案中，對太平輪輕描淡寫，太平輪在台灣沒有留下太多的漣漪。二〇〇四年，我離開了台灣，到美國陪子伴讀，帶了母親與父親的資料，想要為他們寫部家族小說。年底老同事楊長鎮（時任民進黨部族群事務部主任）說：「快回來！要拍紀錄片了。」

原來是他工作單位有些經費，想做些有意義的事。過去十幾年，我們從寶島客家電台同事、行政院客委會，一路合作桐花祭、客家文化藝術節及參與客家電視籌備……合作愉快。他委託鳳凰電視製作小組，拍攝「尋找太平輪」，希望藉由尋找太平輪的重建歷史現場，檢視一九四九前後，兩百萬人加入台灣新住民的台灣記憶。（次年紀錄片榮獲兩岸新聞報導獎）

而我也從寫書、到參與紀錄片製作，在幾個月時間中加緊腳步，殘忍地滾動了塵封一甲子的往事。

紀錄片啟航，挫折中泅游

從台灣、上海、洛杉磯、休士頓……一絲絲線索在幾個月中一一浮現，我們像追逐海浪的海豚一路泅游，向著塵封的大海翻滾、尋覓。

二〇〇四年十二月，我們到基隆太平輪旅客遇難紀念碑獻花，由楊長鎮宣布尋找太平輪計畫啟航。

之後網站社群開張，報紙開始登載工作小組網址及電話聯絡方式，熱心的長者們一一提供了電話、線索：有人看過沉沒的太平輪，有人提到生還者的自述，有人說船破了，船員用棉被去補……陳祖榮提及，秋日在太平輪的航行中，年輕人在船頭唱著夜上海，一路望著遠去的上海。

有人提起父母親的記憶：小嬰兒一直哭，不肯上船，全家因而避掉了這場災難，她叫家福。有人說他們家叔叔還是小小孩，吵著不肯上船，「因為船上的人都沒有頭」。

有人說他當年訂的五金雜貨全部沉下。長榮海運退休的船長林乘良說，他的二位同學因為船難，再也沒有機會相見。朱士杰透露，父親朱雍泉生前提及在船難發生後，曾在正中書局附近開設了「安平百貨」，讓當時的受難者家屬得以維持生計的動人故事。

工作小組一一過濾電話，再求證、追蹤，最辛苦的，是當年在民進黨部工作的李介媚與鳳凰台的薛立旋。她們初入社會，得負責過濾電話、追蹤聯絡、研讀資料及控制工作進度，最困難的是：許多受難者家屬已經不願再提往事。

二〇〇四年開拍的「尋找太平輪」紀錄片，喚醒了大家的記憶。

「那麼多年傷心事，有什麼好提的。」

「我們是難民耶！逃難來的，不要再提了。」

「過去就讓它過去了。」

「人都死了！唉！」

「我兒子說不要接受你們訪問……」千百種拒絕的理由，令人沮喪。

遇到精彩訪談，如葛克的海上漂流記，文化大學席涵靜教授轉述長輩李述文的生還歷險等，往往又燃起大家希望的火苗；在網站上看見一個又一個留言，一條條寶貴線索，再三鼓舞大家努力往前航行。

歷經五十多年的生死別離、苦難傷痛，這趟尋找之旅，一如尋找四散的拼圖。我們努力打開記憶的盒子，在每位受訪者塵封的淚水與回憶裡，逐次拼貼碎片。

尋訪中的驚嘆號

動身前往上海採訪時，阿姨司馬菊媛來自紐約的國際電話中，告訴我更多她們年輕時候的往事，囑咐我再走一回她們的年輕歲月。

上海，我們在餐廳裡巧遇白先勇老師（原來我們就想要回台灣時，在台北訪問他），他在小說《謫仙記》中曾寫到一位上海小姐李彤，在接到太平輪出事、父母都遇難了的小說情景，後

白先勇小說《謫仙記》提及了太平輪，由謝晉導演拍成電影。

來我們也在他的協助下，向謝晉導演借到由《謫仙記》改編的電影《最後的貴族》[1]，問他，那是真人真事嗎？「很多人的共同經驗吧！」他笑了笑。

在上海為昆曲牡丹亭奔忙的白先勇老師，指著餐廳一角，告訴我們：「你們該採訪他。因為吐奶，沒上太平輪的鄭培凱教授。」鄭培凱教授平日在香港教書，剛好那幾天去上海找舊書。

就這樣，在尋訪過程，多了幾許驚嘆號。

晴朗的冬日，在上海檔案館，幾乎是以顫抖的手，打開一頁頁泛黃的資料，翻開一疊疊泛黃塵封的檔案：太平輪事件起訴書，證人葛克親筆證詞，罹難者名冊，常子春簽名的「太平輪被難旅客善後委員會」，席涵靜教授提及生還者李逑文撰寫《太平輪遇難脫險記》，太平輪全船構造圖，船難失事經緯度手繪地圖等一一呈現。

抖落厚厚塵灰，從一九四九年到二〇〇五年初，從來沒有被開封過的檔案，因著我們的造訪，失落的年代逐漸被喚醒，窗外正是太平輪停泊地——黃浦江岸。

一段段生離死別的故事，在禁忌的年代裡，被刻意遺忘的記憶出土，太平輪與其他船隊[2]帶來了逃亡人潮，國共分裂前的沉船災難[3]，與戰後台灣人的殖民傷痕相遇，那個年代的空白再度接軌，化為安靜的分享與聆聽。

紀錄片發表後，更多故事精彩浮現

二〇〇五年，「尋找太平輪」在兩岸三地播出後，引起很多迴響。紀錄片發表會現場，林月華由先生陪同到會場，第一次從上海檔案館帶回來的資料中，見到她父親「林培」的名字。

幾天後，葉倫明的姪女葉少菁，從新竹打電話告訴我們，她的叔叔還在香港。五月下旬，我在香港地鐵站，第一回見到葉倫明，精瘦身材在人群中幾乎看不見身影；今年再見他，已是八十八歲高齡。

在澳門見到黃似蘭大姐，聽她悲慘的前半生，也哭了兩天。幾次在張和平家裡，看她父親留下的照片，聽她談著沒有父親的童年。葛克家人從大陸寫信來認親。從美國東岸、雪梨……各地湧來的故事還沒有寫盡。

船長的子女在紐約告訴我，他們相信父親只是失蹤了。從美國西岸寫信來的彭小姐，提及她的父親早年曾參與過太平輪官司。有人在電話中說，他的父親每年都在一月二十七日，為來不及到達台灣的祖父上一炷清香。

東勢吳素萍在部落格上，寫了一位客家貿易商的智慧——是她未謀面的祖父。中聯企業公司總經理周曹裔的第三代，在部落格裡與我相遇……越來越多故事與人物，都在這幾年逐次出現；有些又像斷了線的風箏，遠遠地來了，又飄走。

二〇〇八年，寫信與當年出生在船上的楊太平聯絡，他在信裡說：「Yes, The boy born on 太平輪 will be 60 years old next January. He and millions people in Taiwan are the eye witnesses seeing the stonishing progress in Taiwan in the past 60 years.」

整理著手頭資料及新加入的名單，探訪中常有驚喜：蕢正華持續整理的照片，孫木山弟弟傳來的家族照片，齊邦媛教授提供了《時與潮》總編輯鄧蓮溪子女聯絡方式，在她今年出版的《巨流河》書中，還原了她在太平輪出事那天守在基隆現場的震撼；我也對照了《上海大公報》一篇悼念鄧蓮溪的文章、陳玲提供的舟山群島地圖，在在豐富了書稿的底蘊。

太平輪之友會，重建紀念碑

每年一月二十七日，紀錄片的受訪者與這件事相關的長者，都會在這一天齊聚基隆東十六

「太平輪之友會」成員，每年會在一月二十七日，到基隆東十六碼頭，為太平輪受難者獻花致意。

碼頭，向來不及靠岸的太平輪受難者獻花鞠躬；每年大家總會找個閒時，聊聊天、喝個午茶，有時互相往返，建立了良好的互動關係。今年生還者李述文孫子首次加入。

吳漪曼教授及嚴媽媽（王淑良）最早提出重做太平輪紀念碑的構想。

一九五〇年在基隆立碑時，過於匆忙，沒有羅難者姓名；加上目前紀念碑劃為海巡署營隊的營區之一，無法自由憑弔。軍方也曾建議找出合適地點，紀念碑可以往外遷移。

這個沒有正式組織的團體，因為太平輪結緣。一月二十七日的獻花，是團體每年一次正式的聚首。也期待有一天，能為不幸遇難的旅客，重新開啟一段航程，越過黑水溝，在亞熱帶的島嶼靠岸，為他們走完上世紀沒有走完的航程。

感謝一路走過的天使們

二〇〇五年三月回到美國住處，與在休士頓的楊太平通上電話，也聯絡到住在洛杉磯的楊媽媽、劉費阿祥口中的恩人——張孫美娟及常子春的夫人常楊煥文。

兒子大非當年十八歲，陪我到休士頓採訪了楊太平。到洛杉磯的幾段採訪十分驚險，楊媽媽與張孫美娟女士都住在洛杉磯的老人院，她們定居美國多年，說不清自己的英文住址，於是她們這樣告訴我：「哦！蒙特婁市，那個大華超市對面的老人院哪！六層樓，很好找的。」好友彭秋燕就陪著我在Montreal park，四處尋找大華超市對面的老人院，在台灣開過攝影展的她，順便充任攝影師與司機，還好順利找到。

楊太平母親住在Rowland Heights的老人院，「我們在羅蘭崗醫院邊上的老人院哪！很好找，看到醫院，右轉就到了。」好友劉玫玲派出才唸大一的女兒吳思其，開車到Rowland Heights找老人院，真的看見醫院右轉，兩老已在樓下大廳等著。楊伯伯、楊媽媽是極佳的受訪者，記憶清晰，又有說故事的天分。他們說：「那是一生難得的經驗呀！又逃難，又在船上生產，還好孩子們都平安長大了。」（今年他們都快九十歲了。）

在香港與葉老再約採訪時間，他電話壞了，記錯時間，一連串的錯失，多虧香港老友曾麗芳、林露詩等人，連環追蹤把葉老找到。蘇永權動員記者朋友協尋，並提供葉老平日長跑、游泳、健身的地點，才讓我有機會在春暖花開時，欣賞了晨霧瀰漫的山頭與海邊，貼近葉老天天慢跑的長路。

當採訪接近尾聲，蕢正華、姜思章老師、朱士杰及來台灣做訪問學人的陳玲，都熱心的提供了更多照片、一手資料與建議。從未謀面的陳清志，告訴我台灣也有太平輪訴訟檔案；夏祖麗與國家文學館，慨然提供林海音女士保留的中興輪船票檔案；曾任職海員工會的任欽泓伯，提供了許多船界訊息。在我右手骨折期間，程嘉華加入工作行列，她經驗豐富的編採經驗與細心，補足了我許多工作的難處與困境。

感恩在漫長的日子裡，有那麼多天使與我同行。祝福所有受訪者，提供協助與意見的朋友們，平安喜樂。

更感謝的是，《太平輪一九四九》一書在大陸出版簡體版，還尋得了許多動人的家族往事。一路在大陸各個城市中遊走，認識許多從事歷史研究的同好，甚至尋得家父家母遺落的家族記憶，也就是下本書的素材。

1「尋找太平輪」紀錄片中，呈現了部分場景。

2當時往來上海與基隆尚有多家船公司，詳見本書第二章。

3在太平輪出事前，才有一艘航行於長江流域的江亞輪出事。江亞輪是一九四八年十二月三日下午，由上海開往寧波的船，船上有旅客二二八五人，但是無票者與小孩兒童都不計在內。當天晚上駛過吳淞口時，船身突然爆炸，全船立即受到劇烈震動，陷入濃烈火海，船頭立即下沉，據說這場災難有近三、四千名旅客罹難。江亞輪尚在打撈期間，又發生了鄧鏗輪與新瑞安輪對撞事件；一個多月後，太平輪事件發生；過五天，一艘祥興輪又撞上一艘葡萄牙貨船，祥興輪破了大洞，船員與旅客獲救，但是滿載物資的葡萄牙貨船卻全船覆沒，船員只救上來二十三人，其餘二十五人失蹤。

出版之後

——送張桂英回家與海祭

初春，空氣中仍有著冬日的冷冽，夾著黃泥的浪花，打在輪渡船身，激起水花飄散。陰霾多霧，輪渡搭載的大部分是附近島嶼的居民，日常生活用品吃食及米糧，紙箱和竹籃隨意四處堆疊；老舊電視有一搭沒一搭地放著陳舊老影集，過時的化妝，只見男女主角臉上的濃眉大口，誇張地表演。船上有人嗑瓜子，有人泡著一杯茶，有人端著一碗麵，呼拉地吃了起來。船晃動得厲害，有人就沉沉睡去。我的心卻老早飛到長途島上。

短短一個小時航程，卻老嫌慢。終於船靠岸了，遠遠地看見岸上二位身影佝僂瘦乾的老人，已在殷切等候。「我等你們，等了六十年了！」是啊！如果沒有二〇一〇年海祭，也沒有這段長途島動人的承諾。

送張桂英回家

二〇一〇年一月中華太平輪紀念協會籌備處成立，太平輪受難家屬們決定要去舟山群島，當年失事海域，為六十年前的受難者做一次海祭；四月份在舟山接受《舟山日報》訪問，說明了這六十一年來首次海祭的方式與受難者的心願。見報後去舟山台辦會面拜訪，一大早張處長抽著煙，面色沉重的說：「誰讓妳接受訪問的，不准接受媒體訪問。」心中正難過著，下午就接到一位女士的電話。「快來呀！我們這裡有人救起過太平輪的生還者，可惜沒活，她的墳還在，陳老先生還見過她！」

在正式海祭之前，我們決定走訪一趟長途島。岸上等候的陳遠寬是這次的主人翁，替他打電話的是他的鄰居孫姍荷。「我常常聽他說太平輪的故事啊！那麼久了，老人家都放在心裡一輩子！」

抽著煙，眼神飄向遠方，六十一年前陳遠寬還是位十多歲的少年，父親是位老船長，那年過完農曆年，家裡的魚都吃完了，大年初二，陳遠寬的父親帶著村子裡的人出海打漁，卻發現海上遍地油污殘骸，四處飄散著行李。他見到一名女子，身上都被油污包裹，但還有微弱呼吸，便與村民合力將她拉上船載回家。

「在海上泡著好些天了。」當年島上沒有通訊設備，大家也從其他漁民口中知道發生了太平輪事件，船沉了，沒有幾個人活著……。在信息通訊不發達的年代，長途島的漁民們只知道要把人救活，在找到這名女性時，他們還發現了一位分不清性別的浮屍，也一併帶回村子裡。「對打漁人來說，在海上出事率很高，如果看到無名屍，都會一併帶回來安葬。在當地人說來這是寶貝，因為他們都知道，哪一天自己不幸，也會有人用同樣溫暖的方式送他們回家。」同行的岱山台辦毛主任解釋。

尋訪，結束漫長等待

那天陳遠寬帶著我們一路尋訪張桂英的墓，長途島在過去是明朝大將戚繼光抗倭寇的軍事

老人家們談論著當年太平輪失事時村民們如何在海上救人。

重鎮，我們下船的碼頭「倭井潭」就是戚家軍駐地。從倭井潭到陳遠寬老家，還得擺渡到對岸。原來長途島還分大小長途島，有一小時一班互開的擺渡來往，平日居民都得靠搭輪渡到其他島嶼訪友辦事，而如今島上多是老人、長者，年輕人都外出到大城市謀生工作了。

回到大長途島，台辦安排的車載著我們一路往東劍村走。陳遠寬大部分時光都在東劍村度過，六十一年前他只有十五、六歲，父親與村民把尚有氣息的女子抬到家裡，「在水面泡太久，身體都涼了。」大家忙著替她包裹取暖，起火為她暖被，希望能延續她的生命。

「她頭髮捲捲的。」「穿旗袍、高跟鞋，是城裡人！」在東劍村的老人活動中心裡，大家爭相說著六十年前的往事。

有些長者早年跟著陳遠寬的父親出海打漁，也一起把人救上岸。這麼多年過去，他們全都記憶猶新。全村的人都來看這位女子，在物資缺乏，也沒有急救設備的年代，他們竭盡心力，希望能溫熱這位女士失溫過久的身軀。

從小年夜到大年初二，在寒冷的冬日，長時間飄浮海面能活著，已經是個奇蹟，據東劍村長者們的回憶，這位女士大約三十多歲，面容姣好，著旗袍、高跟鞋，身上還帶著「張桂英」的證件。但是在陳家沒有幾天，這位女子過世了，陳遠寬的父親將她與另一名浮屍，面向著大海，立了二座墳。

隔年，父親過世，臨走前叮囑他，要記得尋找這位張桂英的家屬或後人，讓她能夠回家。「這麼多年來，我都一直放在心裡，可是去哪裡找她的家人？」

守住一甲子的承諾

在太平輪事件之後，幾乎沒有太多消息，呈現太平輪後續發展，陳遠寬一如舟山人的世代傳承，也繼承父親的工作，成為漁船船長，在海上漂泊，四處打漁，看著日出日落。隨著年齡增長，子女成家立業，他回到東劍村養老，但是他並沒有忘記要送張桂英回家，常常與鄰居、老朋友們談著六十一年前的往事。

《舟山日報》於二〇一〇年四月下旬，刊登了太平輪受難家屬要海祭的新聞，他急著讓鄰居孫姍荷與我們聯絡。

「一定要來唷！」電話中他急切的陳述了少年時父親的遺願，而張桂英也像個謎樣的人物，在這個村落中傳遞六十一年。

為了要讓我們上山看看張桂英的墓，陳遠寬早早期待著，還帶著鄰居們到山上去整理張桂英的土墳。「有空，我們都會來燒炷香。」沿途砍樹枝開路，一甲子過去，陳遠寬從沒有忘記要替張桂英尋找回家的路。五月份探訪東劍村，他一路領著我們，說著「很近很近」，但從東劍村老人活動中心到海邊，還得二十分鐘車程。抬頭一看，過去的山間小徑，已經是一片叢林，雜草蔓蔓，看不見路在哪裡。

下午的陽光熱情，一路灼燙著我們的臉、我們的心，開始攀岩，抬頭是白雲藍天，往下望去是無際大海。陳遠寬說早年他們的船就停在岸邊，如今已成了一大片濕地，附近居民還在這裡放牧山羊。

攀岩是沿著海邊岩石往上走。沒有繩索，就來個手腳並用，只是千萬不能回頭，一回頭就是百年身。山頭的老樹枝椏，已經看得出歲月，當年沒有墓碑，就憑著記憶，找到這二堆堆疊土堆。陳遠寬與鄰居們，一人一把鐮刀，身手靈活，早早就爬上山頂，把附近整理出一片平地。六十一年前海崖下是一片港灣，港灣不復存在，原來地形地貌早已改變，當年陪著父親處理張桂英事件的少年，如今也已是七十多歲的老人。早年這裡是從後面的路走上來，還可接到他們的住處；如今路都沒了，村中的老人熱心地引領大家「攀岩」過來，只見張桂英與旁邊那位分不清性別年齡的浮屍，二座孤墳面向著大海遙望。

陳遠寬帶著大夥祭拜後，一個藏在心中一甲子的期待，終於有機會說明白。他說：最希望能找到她的家人，把張桂英帶回家。

召喚，盼著一條回家的路

與老漁夫陳遠寬山上祭拜張桂英。

回到台灣，找出太平輪購票名單，上面並沒有張桂英的名字，推斷她應該是非正式上船的旅客。沒有名單，沒有年籍登記，如同大海撈針，誰也不知道她是與哪些朋友、家人一起上船。

在台灣？在大陸？她還有親人嗎？或者她的家人都已在那起船難中失蹤？但是陳遠寬守住一甲子的承諾，卻是令人動容的真情守候。在一甲子過後，這樣的承諾，卻因為海祭而呈現，似乎是一種召喚。

黃昏夕照，將海面照耀得霞光燦爛，山頂上綠樹成蔭。初夏，鳥聲悅耳，風平浪靜的海面，很難想像太平輪失事的深夜，整片海域瀰漫著悲慟恐懼……眼前二座孤墳靜靜地仰望大海，期盼著一條回家的路。

海祭——「離散的記憶，團圓的拼圖」

從協助拍攝「尋找太平輪」紀錄片，到《太平輪一九四九》的出版，喚醒越來越多太平輪的記憶，彷若一場沒有散場的電影，不停地在時光琉璃中翻攪湧現。開啟塵封往事，將大家的記憶倒帶；許多受難者家屬也殷殷期盼，能到太平輪出事地點海祭。

事隔六十一年，大部分受難者家屬逐次年邁，由少年轉白髮；對他們來說，超越一甲子的歲月更迭，他們從來無法想像能有機會到舟山群島失事地點，為當年喪生的親人舉辦一場遲來的祭典。二〇一〇年一月中華太平輪紀念協會籌備處成立，開始接受大家的報名登記。

春日接連拜訪了海基會與海協會，得到他們在兩岸事務上最大協助與公文往返，就把這次海祭定調為「離散的記憶，團圓的拼圖」。四月下旬，先至舟山嵊泗租船，訂花與安排行程、飯店、食宿，而決定行程是其中最大的挑戰。五月是姜思章老師的建議，他在太平輪事件次年，被國民黨軍隊捉兵到台灣，童年都在舟山度過，這些年也常回舟山。他說舟山四月清明時節還是冷峻，五月下旬多霧，可是六月之後的夏日，天氣炎熱，加上颱風多，易為海祭投下過多變數，尤其是大家都得從四面八方湧入。

集合時間地點與舟車往返都是未知數，而我們原先設計好的行程，因為天候風浪，也都有不可預知的等待。事實上，在五月的海祭，也是因為天候風浪，打亂了我們所有的計畫，而成為一串等待的過程。

等待已久，海祭船終於要出航了。

旅程，每天都是無盡的等待

海祭出發前一個月，籌劃工作進入倒數計時，每天都有人報名或是取消更改行程；五月份之後，上海世博開幕，旅館的價格上揚，搶房間得有十八般武藝。

大家分別由不同角落到上海的集結方式，就是各種交通工具自各地湧現——王兆蘭與先生先到杭州，再到上海；黃似蘭與兄嫂一家四口從澳門過來；九十歲的葉倫明老先生與他的晚輩六人，一起從福州坐火車到上海會面；張昭雄從台灣直飛上海；李明芳從廣州搭機到上海，他的妹妹與哥哥女兒李夢華一家，從常州搭車到上海；原來住上海的徐瑞娣夫妻直接到嵊泗與大家會面；住寧波的何家與受難者家屬，則從寧波自行趕到舟山，再轉輪渡到嵊泗。

其他各界到海祭現場的朋友與媒體，有人從西安來，有人從北京，有人從上海，還有從杭州一路跟著採訪的媒體朋友，也都得先讓台辦了解名單、證件號碼，以方便出海報備。

我們人在台灣，天天電話、郵件往返，麻煩熊約翰代為處理報名名單聯絡整理與通知。我與台辦是對口，每天數通電話往返，修訂人數。有人說怎不麻煩旅行社代辦？問題是台灣沒有一家旅行社願意代理如此複雜的業務——不帶團旅行，沒有購物行程，風險大；無觀光行程，還得帶長者們出海。從台北到上海集合後的行程，得在浦西的盧浦港，搭上大巴士二小時，到小洋山港，再換一天二班的渡輪到嵊泗。這樣是最便捷的旅程，單是換車、換船就得三小時。風浪大，霧濃，所有的船隻都停擺。等風浪小，等霧散去，每天都是無盡的等待，說不準什麼時候開船。詢問了台北多家旅行社，多數是沒有回音，而且大部分旅行社都沒聽過嵊泗，更沒有興趣承攬這樣的旅程。

以鮮花與音樂憑弔祈福

嵊泗列島在舟山是觀光區，島上多產魚貨與各式魚乾，維基百科上提及，全縣包括泗礁山、大洋山、小洋山、嵊山等四百零四個大小島嶼，其中常住人島十五個。泗礁島是縣治所在地，陸域面積八十六平方公里，海域面積八千七百三十八平方公里，堪稱「一分島礁九十九分海」。現轄七個鄉鎮，戶籍總人口八萬。

這四百多個島嶼多半是無人島，地理景致與台灣的澎湖相彷，嵊泗之「嵊」和「泗」，取自嵊山、泗礁兩島，是浙江省舟山市下轄的一個縣，位於杭州灣以東、長江口東南、浙江東北部、舟山群島北部。傳說中鄭成功的船隊也曾到過這裡的海域。

罹難者家屬在船上流淚。後方是用來憑弔祈福的白菊與紅玫瑰。

當年太平輪失事的緯度屬於嵊泗海域，在白節山燈塔附近。四月份下旬，我從舟山到了嵊泗，由台辨費祥生主任陪同，一起租船，一起選花。在這次海祭定調中，我們期待先到失事地點憑弔，為罹難者送上一千朵白菊花，再到生還者獲救海域，為生還者祈媽媽（王兆蘭）與葉倫明老先生送上紅玫瑰祈福。

在嵊泗買花一定得訂貨，因為大部分花卉與食物，都得靠補給運送，而且價格比在大城市要高。在活動計畫中，我們被要求不能出現宗教儀式，也不能唸經、撒冥紙，只能用鮮花與音樂代替。於是，我們請朋友代為安排上海的二位音樂家隨船，為這些永遠到不了岸的受難者，演出巴哈無伴奏與流浪者之歌。（最後船期更改，無法演出。）

四代守燈塔的老夫婦

船是向一位收漁貨的船東商借，船東為了要配合海祭，還特別在五月出發前進廠油漆。加上一艘工作船，也委託船東負責，兩艘船的船租，花了兩萬五千元人民幣。

我們在嵊泗遇見了竺才根，他是一名退休公務員，平日熱中蒐集文史資料，自己經營了一家古玩貨幣與沉船文物的民藝品店，他在《舟山日報》上看到了海祭消息，與我們聯絡，並且熱心地引路去拜訪二位長者：李生來與毛銀兒這對夫妻。小時候這對夫妻是鄰居，從小跟著家人、祖父在白節山守燈塔，平日種些地瓜、青菜，或是拖墨魚討生活。

白節山燈塔早年只有十幾戶住家，都是茅草屋，一九四九年太平輪沉沒，李生來只有十三歲，毛銀兒十歲，他們記憶歷歷在目，晚上聽到聲音很大，夜裡燈都亮了，四處都是聲響，但是長輩不讓他們出去觀望。

直到第二天天亮，村子裡的人全部出動，海面上滿是漂浮物，還刮了陣西風。退潮時，長輩們下水撈東西，有軍大衣十件、一些箱子，還有很多浸濕的紙條、帳冊和酒桶⋯⋯。當時他們年紀小，只記得很多人到家裡吃飯，來來往往都是來找家人親戚的。有人說有八架小艇找到九位生還者，把他們送上岸就自行回家，年紀最小的是八歲女孩，一家七口全都罹難了；有人說是日本船把這些生還者救上來的。這座島上一位漁民周文華家裡，還有當年太平輪船難漂浮的木箱子，五月份海祭前幾天，來自台北的受難者家屬張昭雄，還特別到周文華家裡拍到那口舊箱子。

在這對四代守燈塔的老夫妻回憶中，童年聽到大人們說，第一次響聲是兩船碰撞，第二次是運煤船轉彎，船頭先下水，沒多久太平輪也快速下沉了。老夫妻說海軍也曾經定錨，試圖打撈太平輪的船身與殘骸，但至今從未有進一步消息。一九九四年舟山有人針對太平輪沉船事件提出報告，附件中也提及太平輪正確的沉船方位。

海祭新成員陸續出現

在海祭消息發布後，許多大陸內地的朋友分別自報章轉載五月份的海祭新聞，經過媒體朋友轉信與電話告知，我們就一路從北京、上海、舟山、台灣……沿途與更多受難者家屬聯絡，也在上海第一次見到徐瑞娣。

原本是中學老師的徐瑞娣，從來沒有見過父親，她是十幾歲長大後，家人才告訴她父親是太平輪船員，本姓陸，老家在寧波。那年冬日父親要上船工作了，外婆告訴舅舅，把當年四歲的她送到碼頭：「我很小，打扮得很漂亮，穿了一身絨服，父親抱著我，是最後一次了。」她的記憶是外婆、母親口語的陳述，外婆一家都是船員，母親在太平輪事件後，改嫁給徐家，她也跟著繼父姓徐。

她說她的名字是希望替家裡招個弟弟，在寧波話裡，「催弟」唸起來口音接近瑞娣。十幾歲初識人間事，在母親的老舊筆記本上，讀到父親罹難的事件，也找到父親名字，依稀是陸定香（後來在中聯公司祭祀船員的名單上，找到陸定香名冊）。

徐瑞娣回憶母親還留有一張父親生前的大照片，但二〇〇三年過世的母親，生前並沒有多說有關父親的故事，她只知道有位舅舅早年到了台灣，在陽明海運工作，還有位親戚住在基隆，卻都已經失去聯繫，難以透過親人的記憶找回父親身影。當她看到海祭活動的新聞，非常激動地說一定要參加，「六十年了，也算是了一心願。」先生屠耀時與女兒屠晶晶，都是她的支持者，因為太平輪事件，女兒成為她最佳的小祕書，常常替她找資料。在海祭之後，她覺得能讓父母親安心，也了卻多年牽掛。

經過報章媒體與我聯絡上的，還有二位船員家屬後代都住寧波。何毅剛在他的信裡提及祖父何豪山是舟山人，早年當了水手，是太平輪的船員，在那次事件中辭世；另外有名親戚，也是船員家屬，他們因著太平輪事件，已是三代情誼，希望參加這次海祭，祭奠先人，並且了解更多太平輪的資料。海祭時，他就與父親何永智，親戚張漢明、張漢興，一起上船遙祭先人。

在海祭活動報名截止前，李明芳一家分別從廣東、江蘇常州到上海集合。他的哥哥李祚芳早年畢業於南京曉庄師範，嫂嫂鄭林英則是燕京大學外文系高材生，在李明芳提供的族譜中，提及李祚芳早年是流亡學生，抗日勝利後，曾經任職紗廠與鹽業公司，靠微薄的薪水養家。抗戰結束，鹽業公司將他們派至台灣任職，夫妻倆興奮地將家具、衣物先運送到台灣，然後買了一月二十七日的太平輪船票，發電報要家人把女兒李夢華送到上海。而原本親戚要從常州送到上海，但是火車太擠，親戚抱了李夢華，無法擠上火車，只好回到老家讓祖父母照顧。

這一別，三歲的李夢華逃過一劫，但是與父母親卻無緣再見。李夢華從小由祖父母帶大，初中畢業後，在老家東古村工作，後來開小店維生，並與同村人陸期國成婚。那麼多年過去，當年三歲的小女孩，因為擠不上火車，趕不到上海與父母相聚，卻獨自留在世間，承受多少思念父母的苦痛……。

李明芳說二哥兄嫂在家鄉，都是受過良好教育的知識份子，大哥北大畢業後一直留在北方，原本家中還期待兄嫂在未來有大格局、大作為，卻在盛年不幸遇難，來不及享受人生美好前程。這次海祭他與妹妹李瑞華同行，兄嫂遺留人世的女兒李夢華也已六十多歲，第一次有機會到海上弔祭父母，特別從家鄉帶著黃菊花，一路舟車轉運，緊緊抱著花束，準備撒向大海，送給無緣看她長大的父母。

沉默的李夢華佇立一角。試想她如果搭上了那班太平輪，也許今年就不會站在這裡；因為沒有擠上火車，趕不上與父母相見，卻有了不一樣的人生！如果當年順利與父母相見，順利到了台灣，或許那又是一個版本的生命故事。

太平輪事件後，李祚芳的大哥代為處理後續事宜，先行運送到台灣的家具、衣物等箱子，後來又讓公司運回大陸老家。「大家更難過！人都走了，要這些東西有什麼用呢……」李明芳喃喃自語。（二〇一四年春天，他們一家如願在基隆太平輪紀念碑獻花。）

葉倫明被救起，一九八〇年代到香港定居，隻身住在老人公寓；子姪晚輩在二〇一〇年將他接回福州老家住，由葉秀華負責照顧。「叔叔年紀大了，我去香港看他，房子小，沒有人照

海祭船開到白節山附近，生還者葉倫明老先生和家人遠眺白節山。

顧，他能活著度過人生大災難，是多麼可敬的長輩！他老了，沒有子女，我們就應該照顧他。」

葉秀華把葉倫明接到福州，有專人看護、照顧飲食起居，聽說受難者家屬要到舟山海祭，經過家族會議後，組了龐大的親友團，由六位子姪輩陪著老先生，一路從福州到上海，與我們會合再去舟山。一年沒見，有人在照顧的葉老先生，身體氣色看起來，比隻身在香港生活時更健康。

葉老說他一生都沒有想到，還可以回到生還的地方，也希望在有生之年，為當年死難者憑弔。一路上他總是精神抖擻。抵達上海後，葉家的親戚晚輩都來看他，有些晚輩說：「他是我們家的老祖宗！」還有人環抱著他的肩說：「您最疼我了！小時候還替我買泳衣，您還記得嗎？」葉老開心地點點頭。

葉老的姪子說在太平輪事件後，他老人家就沒有再回台灣，像過去一樣，與家族親人一起生活、工作，還教晚輩記帳、做小生意的本事。由於葉老一生沒有再婚，也沒有子女，住在上海時對晚輩極為照顧，子姪輩知道他回到福州老家養老，都感到非常欣慰。這天大家在上海相見，說著陳年舊事，葉老神情顯得特別開心。

葉秀華說她告訴老人家有海祭活動時，葉老就說：「我也要去，這是對他們最好的紀念。」九十歲了，堅持背上自己的行李，一身長跑裝束，長途舟車勞頓，葉老思緒跌落，是期待還是感嘆？他默默遙望著遠方。

別上黃絲帶，我們來了

五月舟山行船是大考驗，每天都是霧大風大，大家就得待在候船室等開航。原來各自訂好行程也就一再遲延。等待的幾日過程，以及等待的心情，讓大家焦慮、不安、躁動。原來答應隨船演奏的二名音樂家，也因無法配合而取消了行程。

從上海到嵊泗是挑戰，從嵊泗到海祭出海，更是無盡的等待。但是回想起沉船事件發生時，受難者親人在寒冷的冬日，焦慮尋找最後一絲希望的心情，在交通更不便捷的年代，與天候、時間掙扎，從罹難、劫後餘生的惡夢中驚醒……行程的延宕也變得微不足道了。

等待了二天，舟山風浪逐次減威，霧散去。五月二十五日清晨六時，親屬們集合上船，平

一上船，王兆蘭就停不住地淚水直流。

靜風浪相較幾天前的險惡，顯得平和無波。船頭掛起了太平輪紀念協會的布幡，船上有白菊花、紅玫瑰，還有黃似蘭花了三個月時間親手摺的千紙鶴。

所有參加海祭的家屬們別上黃絲帶，依次坐在船上。大家無語。張昭雄在船上打了電話，告訴大姐張昭美船要出發了。原來張昭美早早報了名要參加海祭，卻因身體不適，沒有辦法參加，張昭雄於是發揮資深記者的精神，一路向大姐實況轉播：看到海了！船要出發了，快到了……。

白菊花送上一甲子的心意

生還者王兆蘭一上船便低聲啜泣，丈夫祈思恭輕輕拍著她的背，沿路給了她最穩定的力量。

隨著陽光昇起，海祭船逐漸接近白節山燈塔，接近沉船緯度……六十一年前太平輪在這裡

抵達白節山海域，張昭雄拿出父親的照片，淚流不止。

沉沒，事隔多年，受難者家屬第二代、第三代齊集船難現場，越接近沉船處，每個人的心情越是激動起來。葉老指著燈塔，向晚輩們比劃著，述說當年沉船的經歷；徐瑞娣則在一旁輕輕拭淚。

海祭船停泊在海面，一切靜止。家屬們手裡一束白菊花，為當年罹難者送上一甲子的心意。

張昭雄手裡拿著父親與母親的照片，哽咽地說：「媽媽三十六歲守寡，前幾年離世時已有二百多名子孫輩。哥哥去年過世，最小的弟弟也過世了，母親一生辛苦，在天堂能與父親相見，希望父親在天之靈，能照顧家中子孫平平安安。」說完，他把父親與母親的照片貼在臉上，向著大海，淚如雨下。

黃似蘭與丈夫、兄嫂也為母親帶來她最喜歡的巧克力與花生。花了三個月為所有受難者折了一千零四十隻紙鶴，從小到大，她的淚已經哭乾。這次海祭她也是提議者，一路期待有這麼一天，能夠親自與母親話別。

「我很想喊我媽媽。」黃似蘭向遇難的母親哭訴，當年失去媽媽後生活的艱辛，「災難來時，媽媽把全部的愛都統統帶走了。小時候，每當看到其他孩子有父母摟著、挽著、牽著，真是百般滋味在心頭。」

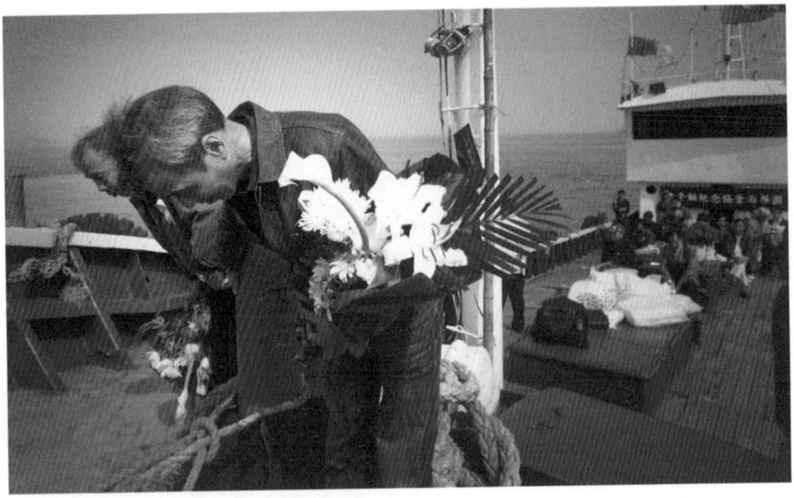

太平輪船員罹難者家屬在撞船點鞠躬。

把深深的思念化向大海藍天

同是寧波老鄉的張漢民、張漢興與何永智、何毅剛父子，也都用家鄉話跟罹難親人說話，一方面報告家人的平安，也希望父祖能聽到他們的心聲。唸完祭文，他們一起跪著，面向大海，磕了三個響頭，把深深的思念化向大海藍天。

徐瑞娣年輕時候看過父親照片，可惜當年不太懂事，沒有好好聽母親談往事，也沒有用筆記下來，隨著年齡越

太平輪受難者家屬向大海獻上菊花。

大，越有無限的觸動。喜歡寫作的徐瑞娣，早早寫好要給父親的信，文情並茂。

既是生還者也是受難者家屬的王兆蘭，在唸祭文時泣不成聲：「對不起，媽媽，是我沒有牽好弟弟妹妹的手，我沒有照顧好他們……」丈夫祈思恭緊緊擁抱著她，兩人淚未停歇。

李明芳一路上帶著族譜，與妹妹、兄嫂的女兒一家，李夢華還抱著已經有些枯乾的黃菊花，站在船頭。李明芳對著大海，將這六十年來的家族大事說給兄嫂聽；李家年年都在家族祭典中，與大家說著舊事，如同兄嫂依然在人間。

千紙鶴，飄送大家的祝福與想念

每位家屬與家人說完心中的話，大家一瓣瓣

黃似蘭花了三個月時間折了一千多隻紙鶴在太平輪與建元輪互撞處放飛。

把白菊花撒向大海，落英飄散。

接著家屬們拿起大大小小的紙鶴，用最虔誠的心放入大海，讓紙鶴帶走大家的祝福與想念：「一隻隻紙鶴就像仙鶴，讓亡魂騎著仙鶴上天堂吧。」

六十年了，沒有任何的祭祀，但是有著每家人深深的懷念，就讓大海飄送祝福給大家；陽光亮麗，陪著大家靜默流淚，也讓一切傷痛推向天涯海角。

祝福重生，記念逝去的年代

隨著陽光煦麗，船頭越過白節山燈塔，緩緩地轉了彎，停在當年三十六名生還者被救起的海域。

太平輪沉沒後，這些生還者全身濕透地趴在木桶、木箱上，隨著洋流四處飄散，熬過生命裡最漫長的黑夜，這天也是生還者的重生之日。兩位生還者在六十一年後再回到重生處，內心百感交集，大家拿著紅玫瑰，一一送給葉倫明與王兆蘭，並給他們深深的

受難者家屬將紅玫瑰送給葉倫明與王兆蘭，為參加海祭活動的兩位生還者祈福。

擁抱。

事後張昭雄與徐瑞娣都拭著眼淚說：「如果是我的父親活著多好！」黃似蘭說：「看著他們『想起我媽媽』。」抱著大把紅玫瑰，葉倫明內心激動，姪女葉秀華陪著他，接受大家的祝福。

回程陽光照耀，海面祥和安寧，想起聞一多的詩裡說：「讓我騎著你每日繞行地球一周，也便能天天望見一次家鄉！」一本遲到的書，一個遲來的海祭，這天陽光金閃，悲傷逝去，大家一路無語。

船緩緩自白節山燈塔繞行回返，沒有音樂，沒有儀式，大家用最簡單的方式記念親愛的家人，逝去的年代，一個久藏的心願。風吹過，霧開雲散，晴空好日，也為第一次海祭劃下圓滿的句點。

※海祭照片由朱丹陽攝影。

〔三版追記〕

一艘永遠沒有終點的船舶

——歷史可以原諒，不可被遺忘

二〇〇五年「尋找太平輪」紀錄片問世，尋得定居香港的生還者葉倫明。

二〇〇九年《太平輪一九四九》繁體中文版推出，台灣生還者王兆蘭出現。

二〇一〇年舟山海祭，第一次各地太平輪受難家屬回到六十一年前事發現場。

二〇一一年北京三聯發行《太平輪一九四九》簡體中文版，與北大退休教授周琦琇聯絡，她也是中聯公司船東周慶雲的女兒。在太平輪船難中，失去了表兄、表妹，她獲救。

之後在大陸近十座城市的分享會中，每一場都有奇遇。

在杭州曉風書屋那晚，盛夏夜突然大停電，書屋主人點起大大小小的蠟燭，大家汗如雨下，讀者越來越多，燭光裡有人攸攸地說：「他們都來聽了。」

聽眾裡有二位長輩，都是童年與太平輪擦身而過的幸運者，一位是二歲時隨家人回到上海定居，母親在同年生下弟弟；另一位是三歲那年，父親買好船票沒上船的中央銀行行員一家。還有一位滿頭大汗騎著單車繞過西湖的朋友，遞給我一張紙條——「我姑媽在北京，是生還者。」

在北大教室，初見周琦琇教授，她說：「這麼久了，以為世界把這件事遺忘了！」近三個多小時訪談中，她詳盡敘述在海上漂流的經過，以及後來她父親兩次留在上海處理受難者家屬賠償事宜。問及盛傳太平輪是地下黨員炸沉，她說：「怎麼可能！我及表兄，表妹都在船上，那年準備去參加親戚婚禮。我父親就是資助地下黨的呀！怎麼可能炸沉自己女兒坐的船！」周琦琇用力搖頭。

女性生還者之一，北大退休教授周琦琇。

《看歷史》雜誌座談會中，有一男子衝過來，搖晃我的肩，「妳認識梅娘嗎？妳認識梅娘嗎？」

第二天冬至，也是梅娘生日，站在這位傳奇作家前面，我手足無措。（四〇年代大陸文學界曾流傳著「北有梅娘，南有張愛玲」的美譽。）她的先生柳龍光在船難中喪生。梅娘回憶船難發生後，她帶著長女柳青及腹中的孩子，在北投山居，舉目無親，只好過完農曆年再回上海。她拿著之前柳龍光交代可去上海尋找的友人地址，卻是個個撲空。

梅娘帶著子女回到北京，在文革期間被戴上大右派帽子，歷經勞改、入獄。曾經獲頒東亞文學獎美譽，卻成了漢奸同義字，加上她曾住過台灣，更是叛逃份子。女兒柳青回憶：「大學時去看母親，寫小說的手，在北京火車站扛著大白菜，冷風呼呼地吹，雪花無情地落在母親背上。」

出獄後，梅娘在某幹部家當保母，雇主九歲的孩子有天問她：「梅娘，梅娘這字怎寫？」她冷冷地說：「我不識字。」

接連二次與梅娘訪談，說起太平輪，淚如雨下。在文化革命期間，一九四九年出生的兒子病故，太平輪帶給她一生的苦難，她默默承受。

今年夏天，到紐約及威斯康辛州，訪問已經九十五高齡的張魯琳、張祖華一家，因為太平輪，一家分隔法國、美國及大陸的傳奇，已經是電影情節。最近家屬正為老太太出版英文自傳，她們家小妹已出版法文自傳，書裡都有太平輪。

舟山市文化局長曾給我看過太平輪沉船照片，以及過去打撈上岸的物件；在上海也遇過古物商來告知，有海盜潛水隊伍多次爆破深海，炸出太平輪沉船寶物在市場兜售。可是我更關心的是受難者們可曾安息的靈魂！

在台灣、大陸、香港、澳門、美國的尋找太平輪之旅，猶如一艘沒有終點的船，每一回的翻滾，都有新的故事、新的人物浮現。今年舟山群島的年輕朋友成立了太平輪研究會，積極爭取在失事地點——嵊泗列島，蓋座太平輪紀念碑。

台灣呢？我們曾經與吳漪曼教授、張昭雄老師、張和平、吳素萍……等人，在基隆市文化局、國防部與文化部奔走，傳達太平輪受難家屬的小小心願——希望在基隆碼頭附近，建立刻有受難者姓名的紀念碑或是地景藝術。

基隆文化局回文：這是小眾的事。國防部副部長說：要取得所有受難者家屬共識。（不久這位副部長因論文抄襲案下台。）而接見大家的文化部副部長也在不久後退休了。

今年二月淒風苦雨，站在基隆西二西三碼頭抗爭現場，心中最不捨的是，最具回憶的碼頭，曾經承載著一九四九大遷徙的港口，太平輪永遠到不了的終點，難道就要消逝？

當許多人聚焦在太平輪是東方的鐵達尼號，或是用好萊塢情節比擬沉船災難，大部分受難者家屬有不一樣見解。在紐約，李昌鈺博士及張祖華說：太平輪的記憶豈是愛情而已呀！是上千個家庭妻離子散的人間苦難！是一個時代悲慘的印記。

吳漪曼教授日漸年邁，她常惦念著：太平輪紀念碑呢？在受難者家屬心中，沉船苦難帶來的生離死別，遠遠超越愛情。

這些年，受訪者一個個凋零，葉老在近日走完人生最後一程，梅娘、劉費阿祥都在去年辭世。周琦琇教授目前行動不便，受訪者逐一年邁。

一九四九年一月二十七日失事的太平輪，始終沒有靠岸。

歷史可以原諒，不可被遺忘。

國家圖書館出版品預行編目資料

太平輪一九四九：航向台灣的故事 / 張典婉著.
-- 初版. -- 臺北市：商周出版：家庭傳媒城邦分公司發行, 2009. 10
面； 公分. -- (映像紀實；11)
ISBN 978-986-6369-54-4(平裝)

1.臺灣傳記 2.海難 3.訪談

783.31 98016566

映像紀實11Y

太平輪一九四九（三版）：航向台灣的故事

作　　者 / 張典婉
企劃選書 / 徐藍萍
責任編輯 / 林淑華、羅珮芳

版　　權 / 吳亭儀、江欣瑜
行銷業務 / 周佑潔、林詩富、賴玉嵐、賴正祐
總 編 輯 / 黃靖卉
總 經 理 / 彭之琬
第一事業群總經理 / 黃淑貞
發 行 人 / 何飛鵬
法律顧問 / 元禾法律事務所 王子文律師
出　　版 / 商周出版
115台北市南港區昆陽街16號4樓
電話：(02) 25007008 傳眞：(02)25007759
E-mail：bwp.service@cite.com.tw
Blog：http://bwp25007008.pixnet.net/blog
發　　行 / 英屬蓋曼群島商家庭傳媒股份有限公司 城邦分公司
115台北市南港區昆陽街16號8樓
書虫客服服務專線：02-25007718；25007719
24小時傳眞專線：02-25001990；25001991
服務時間：週一至週五上午09:30-12:00；下午13:30-17:00
劃撥帳號：19863813；戶名：書虫股份有限公司
讀者服務信箱：service@readingclub.com.tw
城邦讀書花園：www.cite.com.tw
香港發行所 / 城邦（香港）出版集團有限公司
香港九龍土瓜灣土瓜灣道86號順聯工業大廈6樓A室；E-mail：hkcite@biznetvigator.com
電話：(852) 25086231 傳眞：(852) 25789337
馬新發行所 / 城邦（馬新）出版集團 [Cite (M) Sdn. Bhd]
41, Jalan Radin Anum, Bandar Baru Sri Petaling, 57000 Kuala Lumpur, Malaysia.
Tel: (603) 90563833 Fax: (603) 90576622 Email: services@cite.my

封面設計 / 行者創意
排　　版 / 極翔企業有限公司
印　　刷 / 韋懋實業有限公司
經 銷 商 / 聯合發行股份有限公司
電話：(02)2917-8022 傳眞：(02)2911-0053
地址：新北市231新店區寶橋路235巷6弄6號2樓

■2009年10月6日初版
■2024年4月30日三版
定價380元

Printed in Taiwan

城邦讀書花園
www.cite.com.tw

版權所有，翻印必究 ISBN 978-986-6369-54-4

商周出版

廣　告　回　函
北區郵政管理登記證
北臺字第000791號
郵資已付，免貼郵票

115　台北市南港區昆陽街16號8樓

英屬蓋曼群島商家庭傳媒股份有限公司城邦分公司　收

請沿虛線對摺，謝謝！

商周出版

書號：BU5011Y　書名：太平輪一九四九（三版）　編碼：

請於此處用膠水黏貼

商周出版

讀者回函卡

線上版讀者回函卡

感謝您購買我們出版的書籍！請費心填寫此回函卡，我們將不定期寄上城邦集團最新的出版訊息。

姓名：＿＿＿＿＿＿＿＿＿＿＿＿＿＿＿＿＿＿＿＿ 性別：□男 □女

生日：西元＿＿＿＿＿＿年＿＿＿＿＿＿月＿＿＿＿＿＿日

地址：＿＿＿＿＿＿＿＿＿＿＿＿＿＿＿＿＿＿＿＿＿＿＿＿

聯絡電話：＿＿＿＿＿＿＿＿＿＿＿＿ 傳真：＿＿＿＿＿＿＿＿＿＿＿

E-mail ：

學歷：□ 1. 小學 □ 2. 國中 □ 3. 高中 □ 4. 大學 □ 5. 研究所以上

職業：□ 1. 學生 □ 2. 軍公教 □ 3. 服務 □ 4. 金融 □ 5. 製造 □ 6. 資訊

□ 7. 傳播 □ 8. 自由業 □ 9. 農漁牧 □ 10. 家管 □ 11. 退休

□ 12. 其他＿＿＿＿＿＿＿＿＿＿＿＿＿＿＿＿＿＿

您從何種方式得知本書消息？

□ 1. 書店 □ 2. 網路 □ 3. 報紙 □ 4. 雜誌 □ 5. 廣播 □ 6. 電視

□ 7. 親友推薦 □ 8. 其他＿＿＿＿＿＿＿＿＿＿＿＿＿＿

您通常以何種方式購書？

□ 1. 書店 □ 2. 網路 □ 3. 傳真訂購 □ 4. 郵局劃撥 □ 5. 其他＿＿＿

您喜歡閱讀那些類別的書籍？

□ 1. 財經商業 □ 2. 自然科學 □ 3. 歷史 □ 4. 法律 □ 5. 文學

□ 6. 休閒旅遊 □ 7. 小說 □ 8. 人物傳記 □ 9. 生活、勵志 □ 10. 其他

對我們的建議：＿＿＿＿＿＿＿＿＿＿＿＿＿＿＿＿＿＿＿＿

＿＿＿＿＿＿＿＿＿＿＿＿＿＿＿＿＿＿＿＿＿＿＿＿＿＿

＿＿＿＿＿＿＿＿＿＿＿＿＿＿＿＿＿＿＿＿＿＿＿＿＿＿

【為提供訂購、行銷、客戶管理或其他合於營業登記項目或章程所定業務之目的，城邦出版人集團（即英屬蓋曼群島商家庭傳媒（股）公司城邦分公司、城邦文化事業（股）公司），於本集團之營運期間及地區內，將以電郵、傳真、電話、簡訊、郵寄或其他公告方式利用您提供之資料（資料類別：C001、C002、C003、C011 等）。利用對象除本集團外，亦可能包括相關服務的協力機構。如您有依個資法第三條或其他需服務之處，得致電本公司客服中心電話 02-25007718 請求協助。相關資料如為非必要項目，不提供亦不影響您的權益。】

1.C001 辨識個人者：如消費者之姓名、地址、電話、電子郵件等資訊。

2.C002 辨識財務者：如信用卡或轉帳帳戶資訊。

3.C003 政府資料中之辨識者：如身分證字號或護照號碼（外國人）。

4.C011 個人描述：如性別、國籍、出生年月日。

請於此處用膠水黏貼